lonely planet

# REYKJAVÍK
## ET LE SUD-OUEST DE L'ISLANDE
### EN QUELQUES JOURS



BELINDA DIXON, ALEXIS AVERBUCK,
CAROLYN BAIN, JADE BREMNER

# Sommaire

## Préparer son séjour



L'Harpa (p. 72)

## Explorer Reykjavík 30



## Explorer le sud-ouest de l'Islande 90



## Vaut le détour



## Carnet pratique 143



## Coups de projecteur

# Bienvenue à Reykjavík et dans le sud-ouest de l'Islande

La capitale la plus septentrionale du monde se distingue d'abord par ses édifices colorés, son goût pour le design, sa vie nocturne endiablée et son ambiance marquée par une simplicité enjouée. Les Reykjavikois ont le secret des musées captivants, de la bonne musique et des débits de boisson décalés. Les merveilles naturelles du Sud-Ouest vous attendent aux portes de la ville : volcans couronnés de glaciers, chutes d'eau rugissantes, tunnels de lave, geysers et sources chaudes... En route pour une escapade urbaine pas comme les autres !

Lac Tjörnin (p. 41), Reykjavík

# Les incontournables

## Jökulsárlón

Icebergs à la dérive dans une lagune glaciaire féerique. **p. 120**

## Blue Lagoon

Les célèbres bains à l'eau d'un bleu laiteux. **p. 86**

PURIPAT LERTPUNYAROJ/SHUTTERSTOCK ©

## Hallgrímskirkja

L'emblématique église en béton blanc de Reykjavík. **p. 64**

RPBAIAO/SHUTTERSTOCK ©

## Gullfoss

Les sublimes "chutes d'or". **p. 98**

## Snæfellsjökull

Parc national et concentré de nature islandaise. **p. 124**

## Musée national

Un musée historique excellent et complet. **p. 34**

## Parc national de Þingvellir

Une vallée d'effondrement et le site historique de l'Alþing. **p. 94**

## The Settlement Exhibition

Une plongée dans l'Islande des origines. **p. 36**

## Settlement Center

Un musée sur la colonisation et la *Saga d'Egill*. **p. 134**

## Geysir

Le geyser qui a donné son nom à tous les autres. **p. 96**

## Observer les baleines

Rencontre avec les cétacés dans les eaux islandaises. **p. 52**

# Cuisine islandaise

*Du hot dog à emporter à l'assiette gourmande présentée sur une nappe blanche, la petite Reykjavík offre une jolie diversité culinaire. De nombreuses tables islandaises ou de nouvelle cuisine nordique revisitent la préparation du poisson et de l'agneau locaux. En dehors de la capitale, le choix va des établissements haut de gamme aux simples grills de station-service.*

## Culture culinaire

Ces dernières années, de nombreux restaurants ont ouvert leurs portes à Reykjavík. Beaucoup se positionnent dans le haut de gamme et se distinguent par leur créativité. Le soir, les cafés se muent en restaurants et en bars. Les tapas côtoient alors burgers et cuisine islandaise bien inspirée.

## Spécialités islandaises

Si vous apercevez une file d'attente, elle mène sûrement à un stand de *pýlsur* (hot dogs). La *fiskisúpa* (soupe de poisson) est préparée suivant des recettes traditionnelles ; la *kjötsúpa* (soupe à la viande) se compose d'agneau et de légumes. L'agneau islandais a une saveur rare. Les animaux paissent en liberté une herbe sans intrants chimiques.

Autrefois, les Islandais conservaient les joues et la langue du *þorskur* (cabillaud ou morue) et exportaient le reste. Aujourd'hui, on trouve des filets de morue, du *ýsa* (églefin) et du *bleikja* (omble chevalier) au menu. L'été, on peut savourer du *silungur* (truite d'eau douce) et du *villtur lax* (saumon sauvage).

Goûtez le *skyr*, un délicieux laitage à base de lait écrémé (que l'on désigne comme le yaourt islandais).

## À Reykjavík

**Dill** L'un des meilleurs restaurants de Reykjavík, étoilé au Michelin, aux menus dégustation élaborés. (p. 74)

**Matur og Drykkur** Cuisine islandaise raffinée et inventive. (p. 57)

**Þrír Frakkar** Classiques islandais toujours savoureux. (p. 75)

ICELANDIC PHOTO AGENCY/ALAMY STOCK PHOTO ©

## Poisson

**Messinn** Poisson frais dans des poêlons brûlants. (p. 43)

**Fiskfélagið** Bons poissons et fruits de mer, préparés de mille et une manières. (photo ci-dessus ; p. 44)

**Hafið Bláa** Produits de la mer ultrafrais et vue sublime sur la côte sud. (p. 117)

## Petits budgets

**SKÁL!** Cuisine de rue expérimentale, mémorable et ultrachic. (p. 74)

**Hlemmur Mathöll** *Street food* gourmande dans une ancienne gare routière. (p. 75)

**Grandi Mathöll** *Food truck* sur le vieux port. (p. 58)

**Flatey Pizza** Le n°1 des pizzas au levain à Reykjavík. (p. 58)

**Hamborgara Búllan** Les stars hollywoodiennes raffolent de ce bar à burgers. (p. 59)

## En dehors de Reykjavík

**Efstidalur II** Produits frais dans une ferme sur le Cercle d'or. (p. 104)

**Bjargarsteinn Mathús** Délices sur le rivage de la péninsule de Snæfellsnes. (p. 129)

**Gamla Fjósið** Viandes succulentes dans une ancienne étable de la côte sud. (p. 115)

**Settlement Center** Cuisine islandaise moderne dans un lieu historique. (p. 134)

### À savoir

- En été, il faut réserver dans les grands restaurants ; le service peut cesser vers 21h.
- Le pourboire n'est pas d'usage.
- La consommation de viande de baleine, de macareux et de requin pose des questions d'éthique (voir p. 60).

# Bars et cafés

*La culture du café est bien ancrée à Reykjavík, où des adresses sympathiques donnent envie de s'éterniser autour d'une tasse matinale ou d'un déjeuner léger. Le soir, beaucoup changent de visage : la bière remplace le café, des DJ surgissent, et vous voici transporté dans un bar de nuit trépidant. On trouve des cafés au bord de l'eau particulièrement agréables à Borgarnes et sur la péninsule de Snæfellsnes.*

## Douceurs sucrées

Comment ne pas s'émerveiller devant les *bakarí* (boulangeries) islandaises à l'ancienne… Reykjavík possède de superbes pâtisseries, et la plupart des villes en ont au moins une.

Les *pönnukökur* sont de fines crêpes sucrées et parfumées à la cannelle. Les *kleinur* (beignets), moelleux et délicieux, ont pour variantes les *ástar pungar* ("boulettes d'amour"), des petites boules de pâte frites et épicées. Autant de délices en vente dans les boulangeries et les cafés, qui servent tout un éventail de succulents gâteaux et pâtisseries – un héritage sucré de l'occupation danoise.

## Hot dogs et grills

Les Islandais ont un faible pour les fast-foods. En attestent les nombreux stands de hot dogs et adresses servant des burgers. Les grandes stations-service comportent souvent de bons grills et cafétérias, abordables et très fréquentés. Ils proposent des sandwichs et des plats de restauration rapide entre 11h et 21h/22h. Certains servent un menu copieux au déjeuner (avec de la soupe à la viande, du poisson, du mouton, etc.).

## Boulangeries

**Bakarí Sandholt**
Pain frais, pâtisseries, sandwichs et soupes. (p. 75)

**Brauð & Co** Excellents pains et pâtisseries maison, et produits bio. (photo ci-dessus ; p. 75)

**17 Sortir** Cupcakes colorés et mémorables. (p. 59)

**Nesbrauð** Douceurs sur la péninsule de Snæfellsnes. (p. 130)

ICELAND IMAGES/ALAMY STOCK PHOTO ©

## Cafés

**Reykjavík Roasters** Un rendez-vous des fous de café à Reykjavík. (p. 78)

**Stofan Kaffihús** Spacieux et confortable, au cœur du vieux quartier de Reykjavík. (p. 45)

**Kaffi Mokka** Un café historique. (p. 78)

**Friðheimar** Produits maison dans une ferme du Cercle d'or. (p. 107)

**Eldstó Art Café** Pain plat islandais avec agneau fumé sur la côte sud. (p. 118)

**Black Beach Restaurant** Un lieu agréable, avec une belle vue sur l'océan, sur la côte sud. (p. 118)

**Café Kaffitár** Pour une pause au Musée national, à Reykjavík. (p. 45)

**Joylato** Le roi de la glace dans la capitale. (p. 76)

## Bière artisanale

**Mikkeller & Friends** Bières locales, au dernier étage. (p. 76)

**Bryggjan Brugghús** Microbrasserie avec vue sur le port. (p. 57)

**Kaldi** Antre branché, avec bières maison à la pression. (p. 69)

**Smiðjan Brugghús** Ales artisanales et burgers savoureux, à Vík. (p. 118)

**Skúli Craft Bar** 14 bières en fût, 130 en bouteille. (p. 46)

**Steðji Brugghús** Bière à la fraise dans la microbrasserie de Borgarnes. (p. 140)

### À savoir : vente d'alcool

- La vente de bière, de vins et de spiritueux aux moins de 20 ans est interdite.
- La plupart des villes possèdent un magasin de vins et spiritueux Vínbúðin (www.vinbudin.is ; horaires variables), géré par l'État.
- À Reykjavík, une bière pendant l'*happy hour* en début de soirée coûte de 700 à 900 ISK.

# Shopping

*Avec un goût prononcé pour le design et l'artisanat, l'Islande est un paradis du shopping. Et ce, que vous soyez branché mode pointue ou* lopapeysur *(pulls en laine islandais), ou en quête de musique ou d'alcools typiques. De nombreux artistes et créateurs se regroupent en collectifs, et ouvrent des boutiques riches en beaux articles : bols fabriqués à partir de radis, sacs à main en galuchat (cuir de poisson), jouets innovants, vêtements élégants...*

## Design

À Reykjavík, l'Iceland Design Centre (www.icelanddesign.is ; p. 49) s'attache à promouvoir le travail des designers locaux – blog intéressant, actus, expos et autres manifestations à consulter sur son site Internet. Chaque année, il organise le **DesignMarch** (www.designmarch.is ; ⏲mars), un grand événement marqué par de nombreuses expositions et portes ouvertes d'ateliers dans la ville.

## Pulls et tricots

Les habitants comme les touristes endossent les incontournables pulls islandais, ou *lopapeysur*. Ces fameux chandails en laine hydrofuge, épais et confortables, sont ornés de motifs géométriques simples, parfois typiquement régionaux.

L'époque où ils étaient à très bon prix (les années 1960) est révolue. Aussi, au moment de l'achat, réfléchissez : voulez-vous un pull tricoté à la main ou à la machine ? Il existe une différence de prix notable (certains coûtent bien plus de 27 500 ISK). Quoi qu'il en soit, ces articles, qui allient esthétique et confort, constituent des souvenirs de choix (bonnet, gants et écharpe compléteront votre panoplie).

## Succès locaux

**Frú Lauga** Un bon marché de producteurs, dans le quartier de Laugardalur. (p. 83)

**Marché aux puces de Kolaportið** Le week-end, on prend le temps de chiner à Reykjavík ! (p. 49)

ICELANDIC PHOTO AGENCY/ALAMY STOCK PHOTO ©

## Design

**Akkúrat** Le *concept store* de l'Iceland Design Centre. (p. 48)

**Kirsuberjatréð** Artisanat islandais de premier choix, dans une boutique du XIXe siècle. (p. 48)

**Skúmaskot** Créations de designers locaux triés sur le volet. (p. 79)

**Fóa** Un choix allant de belles cartes faites main à des statuettes en guise de souvenirs. (p. 79)

## Mode

**Kiosk** Un collectif proposant des vêtements pour femmes de qualité. (p. 80)

**KronKron** Créations islandaises superbes et farfelues. (photo ci-dessus ; p. 78)

**Kron** Chaussures confectionnées à la main – et avec art. (p. 79)

**Handknitting Association of Iceland** L'adresse rêvée pour trouver un pull en laine traditionnel. (p. 80)

**Steinunn** La maille s'invite dans la haute couture. (p. 61)

## Souvenirs

**Rammagerðin** Objets d'art et de design, et souvenirs plutôt luxueux. (p. 80)

**Dogma** Les T-shirts portent ici un regard ironique sur le tourisme en Islande. (p. 80)

**Ljómalind** Une coopérative de producteurs à Borgarnes. (p. 141)

**Gallerí Laugarvatn** Artisanat du Cercle d'or. (p. 107)

**Omnom Chocolate** Douceurs extrafines dans de jolis emballages. (p. 56)

# Circuits organisés

*Pour un court séjour, participer à une excursion d'une journée au départ de Reykjavík constitue le moyen le plus économique et le plus commode de profiter de l'extraordinaire nature islandaise. Vous aurez la possibilité de combiner visites et activités comme la motoneige, l'équitation, le rafting ou la plongée. La plupart des prestataires viendront vous chercher à votre hébergement ou à un arrêt de bus voisin.*

## Visiter Reykjavík

L'office du tourisme (p. 153) fournit des plans et des brochures décrivant des circuits thématiques. On vous renseignera également sur les visites guidées à pied. Pour un guide plus détaillé, procurez-vous *Reykjavík Walks* (2014 ; 3 100 ISK, en anglais), de Guðjón Friðriksson, disponible en librairie.

Vous pourrez télécharger plusieurs applications, comme *Guides by Lonely Planet* et *Locatify SmartGuide*.

Pour les circuits d'observation des baleines, voir p. 53.

## Circuits aventure

**Arctic Adventures** (☎562 7000 ; www.adventures.is). Personnel enthousiaste ; circuits sportifs.

**Icelandic Mountain Guides** (Iceland Rovers ; ☎587 9999 ; www.mountainguides.is ; Stórhöfði 33, Reykjavík). Agence réputée, spécialisée dans l'alpinisme, le trekking et l'escalade glaciaire.

**Inside the Volcano** (☎519 5609 ; www.insidethevolcano.com ; 44 000 ISK ; ⏲mi-mai à fin oct). Fascinant voyage dans une chambre magmatique vieille de 4 000 ans.

**Midgard Adventure** (☎578 3370 ; www.midgardadventure.is ; Dufþaksbraut 14, Hvolsvöllur ; circuits 11 900-55 000 ISK). Réputé pour les sorties aventure dans le sud du pays.

## À cheval

**Eldhestar** (☎480 4800 ; www.eldhestar.is/#tours ; Vallavegur, en retrait de la Rte 1 ; circuit 1 heure tarif plein/enfant à partir de 8 000/6 400 ISK ; ⏲8h45-16h30). Balades dans les prairies autour de Hveragerði.

**Íshestar** (☎555 7000 ; www.ishestar.is ; Sörlaskeið 26, Hafnarfjörður ; à partir de 11 500 ISK). Sorties dans les champs de lave ; l'une des plus vieilles écuries du pays.

## Dans les airs

**Air Iceland** (☎570 3030 ; www.airicelandconnect.is ;

BAHADIR YENICERI/SHUTTERSTOCK ©

aéroport domestique de Reykjavík). Circuits combinés (avion, bus, rafting, randonnée, équitation, observation des baleines, glaciers) d'une journée.

**Atlantsflug** (☎555 1615 ; www.flightseeing.is ; aéroport domestique de Reykjavík ; tarif plein/enfant à partir de 19 500/14 625 ISK). Tourisme aérien au départ de Reykjavík, de l'aéroport de Bakki et de Skaftafell.

**Eagle Air** (☎562 2640 ; www.eagleair.is ; aéroport domestique de Reykjavík). Vols au-dessus des volcans et des glaciers.

**Norðurflug** (☎562 2500 ; www.helicopter.is ; aéroport domestique de Reykjavík ; à Reykjavík 27 900 ISK). Vols en hélicoptère au-dessus de Reykjavík et alentour.

## En bus

**Gateway to Iceland** (☎534 4446 ; www.gtice.is). Petits groupes ; bons guides.

**Hidden Iceland** (☎770 5733 ; www.hiddeniceland.is). Formidables circuits hors des sentiers battus.

**Reykjavík Excursions** (Kynnisferðir ; ☎580 5400 ; www.re.is ; gare routière BSÍ, Vatnsmýrarvegur 10, Reykjavík ; 8 000-47 300 ISK). Offre étendue, en été et en hiver. (photo ci-dessus)

## À Reykjavík

**Free Walking Tour** (www.freewalkingtour.is ; ⌚12h et 14h juin-août, 13h sept-mai). Balades gratuites dans Reykjavík (1 heure, 1,5 km).

**Literary Reykjavík** (www.bokmenntaborgin.is ; Tryggvagata 15 ; ⌚15h jeu juin-août). Circuits gratuits dans le centre sur le thème du roman policier.

**TukTuk Tours** (☎788 5500 ; www.facebook.com/tuktukiceland ; Harpa, Austurbakki 2, Reykjavík ; à partir de 30 min tarif plein/enfant 4 700/2 700 ISK). Filez dans les rues en *tuk-tuk*.

## À vélo

**Bike Company** (☎590 8550 ; bikecompany.is). Circuits à vélo dans la région.

**Reykjavík Bike Tours** (☎694 8956 ; www.icelandbike.com ; Ægisgarður 7 ; location de vélos 4 heures/circuits à partir de 3 500/7 500 ISK ; ⌚8h-22h juin-août, horaires réduits sept-mai). Location ; circuits à Reykjavík et alentour.

# Merveilles naturelles

*Une excursion d'un ou deux jours en dehors de Reykjavík s'impose : partez à la découverte des incroyables paysages volcaniques, des champs géothermiques, des glaciers, des fjords, des littoraux de sable noir... En été, vous observerez de nombreux oiseaux, dont des macareux et des sternes arctiques ; de mi-septembre à mi-avril, vous guetterez les aurores boréales.*

## La roche vive d'Islande

Située sur la dorsale médio-atlantique, une immense fracture de 18 000 km de long séparant deux des principales plaques tectoniques terrestres, l'Islande nous livre une formidable leçon de géologie grandeur nature. Tentez de vous rappeler vos devoirs d'écolier sur les différents volcans, la lave et le magma...

## Que choisir ?

Dans le Sud-Ouest, l'idéal consiste à combiner les sites incontournables – y compris ceux du Cercle d'or – avec des destinations à l'écart des sentiers battus – tout en veillant à garder du temps pour savourer le charme de Reykjavík. Difficile de choisir. Aussi, voici quelques suggestions pour vous aider à combiner le voyage de vos rêves.

## Volcans

**Hekla** On croyait jadis qu'il menait aux Enfers ; il est possible de le gravir. (p. 116)

**Eyjafjallajökull** Celui-là même qui a paralysé le trafic aérien européen en 2010 ! (p. 116)

**Kerið** Cratère multicolore, terre rouge et lac vert. (p. 103)

**Eldfell** Ce petit cône volcanique a bien failli engloutir Heimaey en 1973. (p. 114)

**Saxhöll** Faites l'ascension de ce cratère du parc du Snæfellsjökull pour admirer la vue sur les coulées de lave. (p. 131)

## Glaciers

**Vatnajökull** La plus grande calotte glaciaire d'Europe, au sein d'un immense parc national. (p. 112)

**Langjökull** Plongez dans les entrailles de ce glacier, dans l'ouest du pays. (p. 137)

**Snæfellsjökull** Si splendide qu'un parc national lui est dédié, dans l'Ouest. (p. 124)

MY GOOD IMAGES/SHUTTERSTOCK ©

**Sólheimajökull** Destination de choix pour la randonnée et l'escalade glaciaires. (p. 113)

## Chutes d'eau

**Gullfoss** Les spectaculaires "chutes d'or", formées par une double cascade, se précipitent dans un étroit ravin. (p. 98)

**Seljalandsfoss** On peut passer derrière son rideau d'eau. (photo ci-dessus ; p. 112)

**Skógafoss** Une merveilleuse cascade de 62 m de haut. (p. 112)

## Sources géothermales

**Blue Lagoon** Les fameuses eaux d'un bleu laiteux. (p. 86)

**Gamla Laugin** Le "lagon secret" du Cercle d'or, au milieu des prairies. (p. 101)

**Krauma** Un complexe thermal alimenté par la plus grande source chaude d'Europe. (p. 137)

**Sundhöllin** Une piscine des années 1930 à Reykjavík, avec un bassin sur le toit. (p. 72)

**Fontana** Chic et facile d'accès, au bord du lac Laugarvatn. (p. 102)

**Lýsuhólslaug** Eaux bouillonnantes, sur la côte sud de la péninsule de Snæfellsnes. (p. 131)

**Reykjadalur** Immergez-vous dans la rivière chaude d'une vallée géothermale. (p. 102)

## Plages

**Plage des Diamants** Les icebergs viennent s'échouer sur le sable noir. (p. 121)

**Reynisfjara** Des colonnes basaltiques bordent ici un sombre rivage. (p. 114)

**Djúpalón** Arches rocheuses, épaves et sable noir. (p. 128)

**Sandgerði** Un village de pêcheurs, entouré de belles plages et de marais peuplés d'une riche avifaune. (p. 89)

## Tunnels de lave

**Grotte Viðgelmir – The Cave** Visite guidée du plus long tunnel de lave d'Islande. (p. 137)

**Vatnshellir** Dans le parc national du Snæfellsjökull. (p. 128)

# Fêtes et festivals

*Les Islandais ne boudent pas leur plaisir lors des fêtes et festivals. Si Reykjavík concentre les réjouissances les plus endiablées, les villes et les villages ne sont pas en reste : ils célèbrent leur richesse, les héros locaux, les vieilles traditions... Les festivals de Reykjavík constituent d'excellentes vitrines pour les artistes d'Islande et du monde entier.*

## Musique

**Dark Music Days** (Myrkir Músíkdagar ; www.darkmusicdays.is ; ⏲jan). Festival hivernal mettant les compositeurs islandais à l'honneur.

**Sónar Reykjavík** (www.sonarreykjavik.com ; ⏲fév). Trois jours dédiés à la musique, à la création et à la technologie.

**Secret Solstice** (www.secretsolstice.is ; Engjavegur 7, Reykjavík ; ⏲juin). Excellent festival de musique de 24 heures, sous le soleil de minuit.

**Innipúkinn Festival** (www.innipukinn.is ; ⏲juil). Rassemblements indé dans les clubs reykjavikois.

**Þjóðhátíð** (www.dalurinn.is ; Dalvegur ; ⏲juil ou août). Plus de 11 000 personnes descendent dans la rue à Heimaey (dans les Vestmannaeyjar) pour faire la fête au son de la musique et à la lumière des feux d'artifice.

**Festival de jazz de Reykjavík** (www.reykjavikjazz.is ; ⏲août). De grands noms du jazz islandais et international se produisent pour l'occasion.

**Iceland Airwaves** (www.icelandairwaves.is ; ⏲nov). Avec environ 200 groupes venus de 30 pays différents, c'est l'un des événements phares de la scène des musiques actuelles d'Islande et d'ailleurs. (photo ci-dessus)

## Art et design

**DesignMarch** (www.designmarch.is ; ⏲mars). Nombreuses expos et portes ouvertes d'ateliers.

**Festival international de littérature de Reykjavík** (Bókmenntahátíð ; www.bokmenntahatid.is ; ⏲sept). Lectures et débats animés par des plumes du monde entier.

**Festival des arts de Reykjavík** (www.listahatid.is ; ⏲juin). Durant 2 semaines, théâtre, cinéma, danse, musique et arts visuels.

**Nuit de la culture de Reykjavík** (Menningarnótt ; www.menningarnott.is ; ⏲août). Vingt-quatre heures consacrées à l'art, à la musique, à la danse et aux feux d'artifice. De nombreux sites (galeries, églises...) restent ouverts tard.

ARCTIC IMAGES/ALAMY STOCK PHOTO ©

**Festival international du film de Reykjavík** (www.riff.is ; sept). Onze jours de projections de films indépendants.

## Culture, histoire et traditions

**Þorrablót** (fin jan-fév). Une fête viking célébrée en plein hiver, avec des banquets mettant l'estomac à rude épreuve.

**Winter Lights Festival** (www.vetrarhatid.is ; fév). Les grands monuments de la ville s'illuminent. Musées et piscines ferment tard.

**Fête de la Bière** (1er mars). Le pays entier commémore le jour où, en 1989, la prohibition de la bière fut levée. Tohu-bohu garanti !

**Food & Fun** (www.foodandfun.is ; mars). Des chefs internationaux s'associent à des restaurateurs locaux et rivalisent pour obtenir des prix.

**Fête des Pêcheurs** (Sjómannadagurinn ; juin). Le premier week-end de juin, les bateaux restent au port et les villages de pêcheurs font la fête.

**Fête de l'Indépendance** (17 juin). La fondation de la République d'Islande, le 17 juin 1944, est célébrée dans une liesse patriotique lors des plus grosses festivités du pays.

**Landsmót Hestamanna** (www.landsmot.is ; juil). Une semaine de compétitions réunissant des chevaux islandais, qui fournit un prétexte à une grande fête.

**Reykjavík Pride** (www.hinsegindagar.is ; août). Quelque 100 000 personnes assistent à cette marche des Fiertés et aux célébrations associées.

**Marathon de Reykjavík** (www.marathon.is ; août). Marathon, semi-marathon, parcours de 10 km et courses pour rire dans les rues de la ville. Avec des dizaines de milliers de participants.

**Verslunarmannahelgi** (août). Un long week-end marqué par des mini-festivals, des fêtes rurales...

# Musées et galeries

*Pour une ville de cette dimension, Reykjavík possède un nombre remarquable de musées et galeries de premier plan. De belles collections sont dédiées à l'art contemporain, à la photographie et à la sculpture, et le patrimoine et la culture sont souvent mis en valeur avec créativité. Les thèmes abordés dans les musées de la ville et du Sud-Ouest vont des sagas islandaises aux aurores boréales.*

GODDARD_PHOTOGRAPHY/GETTY IMAGES ©

## Musées et galeries d'art

**Musée d'Art de Reykjavík** Un billet, 3 sites splendides. (photo ci-dessus ; p. 41)

**Galerie nationale d'Islande** Une sélection régulièrement renouvelée de grandes œuvres islandaises. (p. 72)

**Kling & Bang** Une galerie dévolue à de jeunes artistes d'avant-garde. (p. 57)

**Musée Sigurjón Ólafsson** Sculptures, mâts totémiques et bustes installés en bord de mer. (p. 83)

**Musée de la Photographie de Reykjavík** Un espace accueillant d'excellentes expositions de photographes régionaux. (p. 43)

## Musées d'histoire

**Musée national** Des trésors découverts dans toute l'Islande, allant de l'âge de la colonisation à l'époque récente. (p. 34)

**Maison de la culture** Couvre l'histoire artistique et culturelle islandaise, de la colonisation à nos jours. (p. 72)

**The Settlement Exhibition – Reykjavik 871±2** Associant archéologie et technologie, cette exposition se déploie autour d'une maison longue viking. (p. 36)

**Musée maritime de Reykjavík** Pour découvrir l'histoire de l'industrie de la pêche en Islande. (p. 56)

**Settlement Center** L'Islande des origines et les sagas islandaises. (p. 134)

**Norska Húsið** Une vieille maison en bois de Snæfellsnes, renfermant un ensemble éclectique d'objets anciens. (p. 127)

**Musée des Volcans** Œuvres d'art et petit fonds scientifique. (p. 127)

## Expos insolites

**Musée phallologique islandais** Une singulière collection de pénis islandais. (p. 73)

**Draugasetrið** Une maison hantée macabre, à Stokkseyri. (p. 115)

# Reykjavík gratuit

*Quel plaisir d'explorer Reykjavík à pied... et sans bourse délier ! Après l'incontournable séance photo à l'église Hallgrímskirkja, engagez-vous dans le vieux quartier pour rejoindre les galeries du secteur réhabilité de Grandi, accessibles gratuitement. En dehors de la capitale, vous pourrez profiter librement des merveilles de la nature islandaise.*

GILBERTGOON/SHUTTERSTOCK ©

## Nature

**Geysir** Près de ce geyser qui a donné son nom à tous les autres, l'eau jaillit avec une régularité mécanique du Strokkur voisin. (p. 96)

**Gullfoss** Les "chutes d'or" sont les plus spectaculaires du pays. (p. 98)

**Reynisfjara** Grottes, colonnes et orgues basaltiques autour de cette plage de sable noir près de Vík. (p. 114)

**Breiðafjörður** Un superbe fjord parsemé d'innombrables îlots, au large de la péninsule de Snæfellsnes. (p. 127)

**Dyrhólaey** Un site de choix pour observer les macareux sur la côte sud. (p. 114)

**Eldfell** Partez à l'assaut de ce volcan de 221 m de haut ! (p. 114)

## Art et architecture

**Hallgrímskirkja** Découvrez gratuitement les abords et l'intérieur de l'église. L'accès au clocher est payant. (photo ci-dessus ; p. 64)

**Marshall Húsið** Trois espaces artistiques d'avant-garde sous le même toit. (p. 57)

**i8** Accueille des grands noms de l'art contemporain islandais. (p. 41)

**Le Voyageur du Soleil** Une sculpture évoquant l'ossature d'une coque de bateau. (p. 73)

**Harpa** À la fois centre culturel et salle de concert, l'éblouissante Harpa illumine les nuits reykjavikoises. (p. 72)

**Jardin de sculptures du musée Einar Jónsson** Belle collection de bronzes. (p. 74)

**Viðey** Installations artistiques, dont l'*Imagine Peace Tower* de Yoko Ono. (p. 84)

## Curiosités locales

**Vieux port** Pour prendre le pouls de la ville – avec le secteur de Grandi. (p. 51)

**Jardins botaniques de Reykjavík** Plus de 5 000 variétés de plantes subarctiques. (p. 83)

**Laugardalur** Ce parc de Reykjavík offre de multiples possibilités d'activités. (p. 82)

**Borg á Mýrum** Une ferme de Borgarnes associée aux sagas islandaises. (p. 135)

**Tjörnin** L'"étang" de Reykjavík résonne des cris de plus de 40 espèces d'oiseaux. (p. 41)

**Alþing** Le Parlement se visite gratuitement. (p. 43)

# Avec des enfants

NEJA HROVAT/SHUTTERSTOCK ©

*Reykjavík, comme tout le pays, est une destination particulièrement accueillante pour les enfants, qui adoreront les grands espaces, les colonies d'oiseaux, les cascades, les terres volcaniques... Dans ce formidable terrain d'aventure, les activités adaptées ne manquent pas : randonnées, circuits en Super-Jeep, équitation, observation des baleines...*

## Parcs

**Zoo et parc familial de Reykjavík** Un paradis ! Animaux de la ferme, bateaux, radeaux et manèges. (p. 83)

**Tjörnin** Joli lac où l'on vient nourrir les canards. (p. 41)

**Hljómskálagarður** D'intéressantes sculptures émaillent ce parc. (p. 39)

**Parc géothermal** Faites cuire un œuf dans les évents des sources géothermales de Hveragerði ! (p. 102)

**Centre des chèvres islandaises** D'adorables créatures, dont le plus célèbre a fait une apparition... dans *Game of Thrones*. (p. 139)

## Découverte

**Hallgrímskirkja** Prenez l'ascenseur jusqu'au sommet, pour une vue grisante. (p. 64)

**Saga Museum** Après les mannequins qui font revivre l'histoire des sagas, à vous de vous déguiser pour la photo. (p. 56)

**Whales of Iceland** Reproductions grandeur nature de baleines islandaises. (p. 56)

**Omnom Chocolate** Une chocolaterie ouverte à la visite. (p. 56)

**Aurora Reykjavík** Avec une projection HD des plus belles aurores. (p. 56)

**Kerið** Un cratère vieux de 6 500 ans. (p. 103)

## Baignade

**Laugardalslaug** Vaste complexe géothermal avec d'excellents équipements et un toboggan en spirale. (p. 83)

**Blue Lagoon** Eau d'un bleu laiteux et boue de silice, pour s'enduire et chahuter. (p. 86)

**Gamla Laugin** Une grande piscine géothermale entourée de rochers. (p. 101)

## Excursions

**Viðey** Balades à pied et à vélo sur une île côtière battue par les vents. (photo ci-dessus ; p. 84)

**Geysir** Le fameux geyser et le Strokkur voisin, d'où une colonne d'eau jaillit à intervalles réguliers. (p. 96)

**Rafting** En route pour une descente sur la rivière glaciaire Hvítá ! (p. 104)

# Reykjavík LGBT+

SERGEY DIDENKO/SHUTTERSTOCK ©

*L'Islande n'est pas seulement ouverte : elle est fière de ses cultures LGBT+. Le pays tout entier s'anime à l'occasion de la marche des fiertés de Reykjavík. Dans les rues, les drapeaux arc-en-ciel flottent et la bienveillance règne. Pourtant, les bars gays ne sont pas légion ici : l'esprit est plutôt à la discrétion.*

En Islande, la tolérance envers la communauté LGBT+ transparaît dans les urnes : le monde n'avait pas connu de Premier ministre ouvertement homosexuel avant Jóhanna Sigurðardóttir, élue en 2009.

## Adresses et événements

**Reykjavík Pride** (www.hinsegindagar.is ; ⌚août). La capitale se pare de couleurs carnavalesques pour célébrer les cultures LGBT+. Quelque 100 000 personnes (l'équivalent de plus de 25% de la population islandaise) assistent à la marche et aux festivités. Un événement fantastique.

**Kiki** (www.kiki.is ; Laugavegur 22, Reykjavík ; ⌚20h-1h mer, jeu et dim, jusqu'à 4h30 ven-sam). Un bar ouvertement *queer*, où l'on vient aussi danser sur de la pop et de l'électro.

**Pink Iceland** (☎562 1919 ; www.pinkiceland.is ; Hverfisgata 39, Reykjavík ; ⌚9h-17h lun-ven). Une agence de voyages tenue par et pour des homosexuels, ouverte à tous. Organise aussi des mariages et d'autres événements en tous genres, ainsi que des circuits – dont un de 2 heures pour l'*happy hour* à Reykjavík (6 000 ISK).

**Samtökin '78** (☎552 7878 ; www.samtokin78.is ; Suðurgata 3, Reykjavík ; ⌚accueil 13h-16h lun-ven, Queer Centre 20h-23h jeu, fermé juil). Cette association LGBT+ délivre des infos aux heures de bureau et anime un centre communautaire le jeudi soir.

**Visit Gayice** (www.gayice.is). Astuces et actus LGBT+. Consultez aussi **Gay Iceland** (www.gayiceland.is).

**Literary Reykjavík** (www.bokmenntaborgin.is ; Tryggvagata 15, Reykjavík). L'application *Culture Walks* réserve une place à la littérature *queer*.

# Reykjavík et le Sud-Ouest en 4 jours

## Jour 1

LEONARD ZHUKOVSKY/SHUTTERSTOCK ©

Commencez par explorer le vieux Reykjavík, son **Ráðhús** (photo ; p. 43) et ses musées – le **Musée national** (p. 34), la **Settlement Exhibition – Reykjavik 871±2** (p. 36)...

Après avoir déjeuné, déambulez dans la très *arty* Skólavörðustígur, admirez les bijoux d'**Orrifinn** (p. 81), photographiez l'immense **Hallgrímskirkja** (p. 64)... Non loin de là, dans la rue commerçante de Laugavegur, faites un tour dans les boutiques **Kiosk** (p. 80), **Kron** (p. 79) et **KronKron** (p. 78).

Dînez au très vivant **Hlemmur Mathöll** (p. 75), avant une bière chez **Mikkeller & Friends** (p. 76). Les bars et le *djammið* de Reykjavík finiront par vous mener sur la piste du **Kiki** (p. 69).

## Jour 2

TAKEPICSFORFUN/SHUTTERSTOCK ©

Prenez l'air marin sur le vieux port ou lors d'un **circuit d'observation des baleines** (photo ; p. 53). Brunchez au **Kaffivagninn** (p. 59), visitez le **Musée maritime de Reykjavík** (p. 56) et le **Kling & Bang** (p. 57), un espace artistique fabuleux – et gratuit. Régalez-vous de pizzas chez **Flatey Pizza** (p. 58).

À Laugardalur, à l'est du centre, plongez-vous dans les bassins du **complexe géothermal** (p. 83) ou dans les œuvres du **musée Sigurjón Ólafsson** (p. 83).

Dînez au **Dill** (p. 74), puis choisissez entre les cocktails du **Pablo Discobar** (p. 46), un spectacle à l'**Harpa** (p. 72), un film au **Bíó Paradís** (p. 78) ou un concert au **Mengi** (p. 78) !

## Jour 3

F11PHOTO/SHUTTERSTOCK ©

Il est temps de quitter la ville : louez un véhicule ou joignez-vous à un circuit à la journée.

Découvrez la vallée d'effondrement et le site du premier Parlement islandais dans le **parc national de Þingvellir** (p. 94), puis déjeunez au **Lindin** (p. 104), à Laugarvatn

Après **Geysir** (p. 96) et **Gullfoss** (photo ; p. 98), faites du **rafting** (p. 102) autour de Reykholt ou trempez-vous dans le bassin de **Gamla Laugin** (p. 101). Sur la route du retour, dînez au **Tryggvaskáli** (p. 104), à Selfoss, ou au **Varma** (p. 105), à Hveragerði.

Découvrez de préférence le **Blue Lagoon** (p. 86) en soirée, une fois la foule dispersée, avant de regagner Reykjavík. Pour les petits creux nocturnes, direction **Bæjarins Beztu** (p. 46).

## Jour 4

AMI PARIKH/SHUTTERSTOCK ©

Prodiges de l'Ouest ou merveilles du Sud ? Si l'Ouest l'emporte, commencez par le **Settlement Center** (p. 134), à Borgarnes, puis visitez le tunnel de lave de la **grotte Viðgelmir** (p. 137) ou les grottes du **Langjökull** (photo ; p. 137), ou allez observer les baleines depuis le **Snæfellsjökull** (p. 125).

Dans le Sud, roulez jusqu'à Hella pour une **balade à cheval** (p. 119), découvrez les chutes de **Seljalandsfoss** (p. 112) ou allez marcher (avec un guide) sur le **Sólheimajökull** (p. 113). Ne manquez pas la plage de **Reynisfjara** (p. 114) et l'arche de **Dyrhólaey** (p. 114), les **langues glaciaires du Vatnajökull** (p. 112) et la lagune de **Jökulsárlón**.

Enfin, dînez à Grundarfjörður, au **Bjargarsteinn Mathús** (p. 129).

# Les basiques

Pour des informations détaillées, voir le Carnet pratique (p. 143)

**Devise**
Couronne islandaise (ISK)

**Langue**
Islandais ; anglais très courant

**Visa**
Les Français, les Belges, les Suisses et les Canadiens n'ont pas besoin de visa pour entrer en Islande.

**Argent**
La carte bancaire est reine, même au fin fond du pays. DAB dans toutes les villes.

**Téléphone portable**
Excellente couverture réseau. Pour les voyageurs européens : les forfaits fonctionnent en Islande comme dans leur pays d'origine.

**Heure locale**
Quand il est midi à Paris, il est 10h à Reykjavík en été et 11h en hiver.

**Pourboire**
Pas répandu.

## Budget quotidien

### Moins de 25 000 ISK

Camping 1 500-1 800 ISK

Lit en dortoir 5 000-7 000 ISK

Plats dans un grill ou un bar, ou soupe au déjeuner 1 600-2 300 ISK

Forfait bus pour le Cercle d'or 10 700 ISK

### De 25 000 ISK à 41 000 ISK

Chambre double dans une *guesthouse* 19 500-28 000 ISK

Repas dans un café 1 900-4 500 ISK

Entrée de musée 1 000 ISK

Entrée à la piscine 650-950 ISK

Location d'un petit véhicule 8 000 ISK/jour

### Plus de 41 000 ISK

Chambre double dans un hôtel de charme 31 000-51 500 ISK

Plat principal dans un grand restaurant 3 500-7 000 ISK

Forfait 1 journée dans un complexe thermal 5 800 ISK

Location de 4×4 à partir de 15 000 ISK/jour

## À prévoir

**3 à 6 mois avant le départ** Réservez vos hébergements. La demande dépasse l'offre.

**Un mois avant** Réservez les sorties aventure et les circuits en bus.

**Une semaine avant** Réservez dans les grands restaurants et la navette de l'aéroport, ainsi qu'un billet pour le Blue Lagoon (p. 86) – si vous voulez y filer dès votre arrivée.

## Arriver à Reykjavík

Principal aéroport du pays, l'aéroport international de Keflavík est à 48 km à l'ouest de Reykjavík, sur la péninsule de Reykjanes. On y trouve des services de change, des DAB, des guichets de location de voitures, des boutiques en duty free, des cafés et des supérettes.

### Depuis l'aéroport international de Keflavík

**Bus** Les compagnies Flybus, Grey Line et Airport Direct relient l'aéroport à Reykjavík (aller à partir de 2 700 ISK ; 50 min). Toutes proposent un service de navette depuis/vers les hôtels. Le bus n°55 de Strætó relie la gare routière BSÍ et l'aéroport (1 840 ISK, 9/jour lun-ven en été).
**Taxis** Comptez environ 16 100 ISK pour rejoindre le centre de Reykjavík.

## Comment circuler

### Bus urbains

Les bus de Reykjavík sont gérés par Strætó. Les horaires sont disponibles en ligne et sur l'application dédiée. Les lignes sont indiquées sur de nombreux plans gratuits. Les billets (460 ISK) sont payables à bord ou via l'application.

### Bus régionaux

De nombreuses liaisons sont assurées de mi-mai à mi-septembre (plus rarement le reste de l'année).

### Voiture

Inutile à Reykjavík. Il est en revanche pratique d'avoir une voiture ou un camping-car pour explorer d'autres régions. Des loueurs sont représentés dans les aéroports et à la gare routière BSÍ.

La vitesse est limitée à 50 km/h en agglomération. La ceinture de sécurité est obligatoire. L'usage du téléphone est interdit au volant.

Reykjavík

# Les quartiers de Reykjavík

**Vieux Reykjavík (p. 33)**
Le cœur historique de Reykjavík : vestiges d'une maison longue viking, édifices remarquables et musées passionnants.

**Vieux port (p. 51)**
Un joli quartier où l'art est à l'honneur, doté de musées passionnants, et d'excellents bars et restaurants.

**Laugavegur et Skólavörðustígur (p. 63)**
Laugavegur, la principale rue commerçante de Reykjavík, est bordée de cafés, bars et restaurants agréables. Plus *arty*, Skólavörðustígur mène à l'incontournable Hallgrímskirkja.

# Explorer Reykjavík

À bien des égards, Reykjavík est remarquablement cosmopolite pour sa taille. Elle se distingue par un milieu artistique foisonnant, une scène culinaire variée, et de nombreux bars et cafés sympathiques et branchés. Le tout sur fond de sommets enneigés, de mers houleuses et d'air pur. Préparez-vous à tomber sous le charme !

Explorer

# Le vieux Reykjavík

*Le vieux Reykjavík forme le cœur animé de la capitale islandaise. Bordant le placide lac Tjörnin, ce quartier aux nombreuses maisons colorées est doté de sites passionnants. Il se prête à une agréable balade, qui vous mènera du front de mer au parc Austurvöllur, puis à l'Alþing (le Parlement) et au Musée national.*

*Au fil de vos déambulations sur les rives du Tjörnin (p. 41), observez l'architecture postmoderne du Ráðhús (hôtel de ville ; p. 43), avant de visiter le Musée national (p. 34), riche en artefacts ; sur place, profitez d'un déjeuner sain au Café Kaffitár (p. 45). Rejoignez ensuite la Settlement Exhibition – Reykjavik 871$^{\pm 2}$ (p. 36), une exposition consacrée à la colonisation, avec une maison longue viking et des présentations high-tech. Après un happy hour au Skúli Craft Bar (p. 46), régalez-vous des plats de poisson réputés de Fiskmarkaðurinn (p. 44) ou optez pour des tapas à l'Apotek (p. 44). Ensuite, il sera encore temps de vider quelques chopes au Micro Bar (p. 46), de siroter des cocktails au Pablo Discobar (p. 46).*

## Comment y aller et circuler

Le vieux Reykjavík est un secteur très compact, dans lequel on peut presque tout faire à pied.

Les bus n$^{os}$1, 3, 6, 11, 12, 13 et 14 venant de Hlemmur desservent le vieux Reykjavík – arrêts à Lækjartorg et au Ráðhús. Le n°14 relie Laugardalur, Hlemmur, le vieux Reykjavík et le vieux port.

**Plan du vieux Reykjavík p. 40**

L'Alþing (p. 43), au bord du Tjörnin (p. 41)

Les incontournables

# Le Musée national

*La collection d'artefacts de ce musée, qui va de l'âge de la colonisation à l'époque moderne, compose un excellent panorama de l'histoire et de la culture islandaises. Les différentes sections, bien conçues, retracent le difficile processus de colonisation sur cette île inhospitalière, les changements survenus avec l'introduction de la chrétienté, les périodes de domination par des puissances étrangères et l'accession à l'indépendance de l'Islande.*

PLAN P. 40, A6

Þjóðminjasafn Íslands

530 2200

www.nationalmuseum.is

Suðurgata 41

Tarif plein/enfant
2 000 ISK/gratuit

tlj 10h-17h mai à mi-sept, fermé lun mi-sept à avr

1, 3, 6, 12, 14

## Âge de la colonisation

La section principale du musée est consacrée à l'âge de la colonisation. Admirez les épées, les cornes à boire finement sculptées, les objets en argent et le petit bronze de Thor qui daterait de l'an mille.

## Vie quotidienne

Le musée traite également de la question du pouvoir des chefs de clan et de la vie des gens du peuple, qui logeaient dans des maisons sombres et exploitaient le fer des marais. Les thèmes abordés sont variés : observez les objets témoignant de la fabrication ancienne du *skyr* (yaourt islandais), les jolis pendentifs et broches, et le jeu de *hnefatafl* (sorte d'échecs) de l'époque viking dont la découverte, dans un tombeau à Baldursheimar, a conduit à la fondation du musée.

## Tombeaux vikings

Des tombeaux vikings, comportant de précieux objets funéraires, sont sertis dans le sol. On y distingue des os de chevaux, une épée, des aiguilles, une louche et un peigne. La sépulture qui recèle la dépouille d'un nourrisson de 8 mois est la seule de ce genre à avoir jamais été mise au jour.

## Objets ecclésiastiques

La section dévolue à l'introduction de la chrétienté est riche en œuvres d'art et en objets variés. La porte d'église de Valþjófsstaðir est une pièce inestimable datant du XIIIe siècle.

## Époque moderne

La collection présentée à l'étage va de 1600 à nos jours. Elle retrace la lutte de l'Islande sous domination étrangère, l'indépendance et les débuts de la modernisation. Observez notamment les documents et effets personnels de Jón Sigurðsson, le père de l'indépendance islandaise.

### ★ À savoir

- L'audioguide gratuit (disponible en français) sur smartphone apporte une foule de précisions très utiles. Celui pour les enfants n'est proposé qu'en islandais et en anglais.
- Prévoyez du temps pour les expositions photo tournantes.
- Une visite guidée gratuite en anglais (45 min) de la collection permanente a lieu tous les samedis à 11h.

### Une petite pause ?

Au rez-de-chaussée, l'agréable Café Kaffitár (p. 45) est entouré de grandes baies vitrées donnant sur une fontaine – connexion Wi-Fi sur place.

Les incontournables

# The Settlement Exhibition – Reykjavik 871±2

*À la fois site archéologique et musée, cette "exposition sur la colonisation" se déploie autour d'une maison longue viking du Xe siècle et d'autres vestiges de l'âge du peuplement découverts dans le centre de Reykjavík. Associant admirablement technologie et archéologie, elle offre un aperçu de l'Islande des origines et redonne vie à l'histoire.*

PLAN P. 40, B3

Landnámssýningin

411 6370

www.reykjavikmuseum.is

Aðalstræti 16

Tarif plein/enfant 1 800 ISK/gratuit

10h-17h

## Maison longue viking

Au cœur de l'espace muséal, une maison longue viking du Xe siècle, excavée sur place, dans Aðalstræti, entre 2001 et 2002, est aujourd'hui réduite à un ensemble de fondations ; elle n'aurait été habitée que pendant 60 ans. Elle fut construite sur une couche de téphra remontant à l'an 871 – ces fragments solides projetés dans l'air lors d'une éruption volcanique servent à dater les sites dans toute l'Islande. Repérez les parties avec des os d'animaux fichés dans la structure (en guise de porte-bonheur ?) et l'ancienne source.

## Mur d'enceinte

À l'arrière du musée, un fragment de mur d'enceinte fut découvert sous la couche de téphra sur laquelle fut érigée la maison longue. Il proviendrait du plus vieil édifice construit à Reykjavík.

## Objets anciens

Des objets et vestiges trouvés dans le secteur sont présentés dans des niches à l'éclairage tamisé, déployées en arc de cercle autour de la maison longue : des os de grand pingouin (espèce aujourd'hui éteinte), des lampes à huile de poisson et une hache en fer. Certaines découvertes proviennent d'anciens ateliers qui étaient situés près du site de l'actuel Alþing ; c'est le cas d'un bracelet en argent et d'une fusaïole (anneau utilisé en filage) gravée de runes mentionnant "J'appartiens à Vilborg".

## Expos high-tech

De remarquables dispositifs high-tech incluent des tables multimédias détaillant les fouilles, qui se sont étendues sur plusieurs pâtés de maisons. Un panorama à 360° montre les lieux à l'époque de la maison longue et une installation permet de découvrir les différentes étapes de sa construction.

### ★ À savoir

- De juin à août, des visites guidées en anglais partent à 11h en semaine.
- Un audioguide (gratuit) est disponible en français.
- Un espace est dévolu aux enfants – avec jouets islandais, exercices de déchiffrage des runes et jeux vidéo.

### Une petite pause ?

Pour un déjeuner ou un brunch, rendez-vous chez **Bergsson Mathús** (plan p. 40, C3 ; ☎ 571 1822 ; www.bergsson.net ; Templarasund 3 ; plats 2 200-2 800 ISK ; 7h-19h lun-ven, 7h-16h sam-dim ; ), une adresse appréciée des habitants, au nord du Tjörnin. Dans le secteur de la place d'Austurvöllur, des établissements investissent le parc aux beaux jours.

Promenade à pied

# Le Reykjavík historique

*Les plus anciens signes d'occupation humaine à Reykjavík sont regroupés dans le vieux quartier. Ils sont légèrement antérieurs à 871. Le Viking norvégien Ingólfur Arnarson, considéré comme le premier colon islandais, s'installa alors dans une baie qu'il baptisa Reykjavík ("baie des Fumées"), en référence à la vapeur montant de ses sources d'eau thermale. Cette promenade inclut les grands sites du secteur historique d'Ingólfur.*

**Départ** Aðalstræti 10

**Arrivée** Musée national

**Distance** 1,6 km

**Durée** 1 heure 30

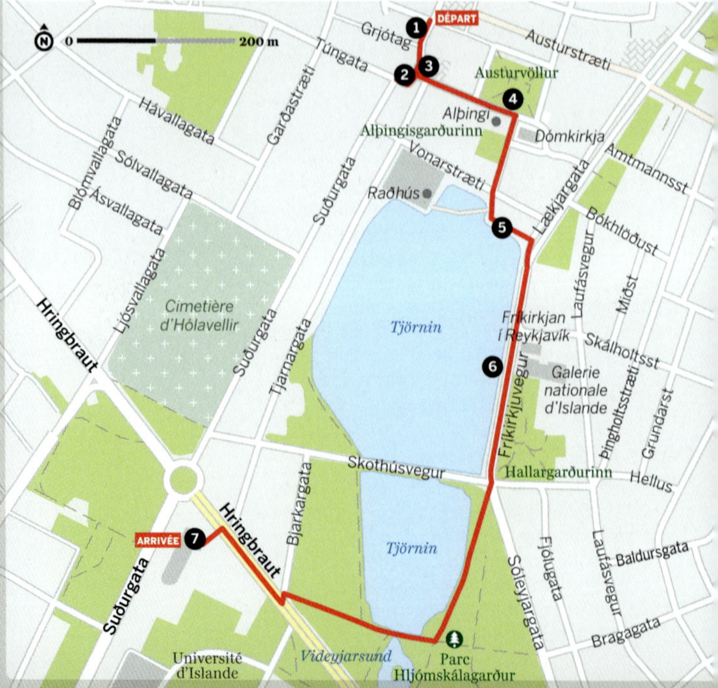

## ❶ Maison historique

La plus vieille maison en bois de Reykjavík date de 1762. Elle se trouve dans Aðalstræti, qui est également l'une des plus anciennes rues de la capitale. Des expositions temporaires sur l'histoire de la ville sont présentées sur place : **Aðalstræti 10** (gratuit ; 9h-16h).

## ❷ The Settlement Exhibition – Reykjavik 871±2

Cette **exposition sur la colonisation** (p. 36) est organisée autour d'une maison longue viking du Xe siècle. L'éclairage tamisé met en valeur de remarquables dispositifs multimédias.

## ❸ Statue de Skúli Magnússon

En face de la Settlement Exhibition – Reykjavik 871±2 se dresse la statue de Skúli Magnússon (1711-1794). Premier bailli islandais, il initia le développement d'ateliers de tissage, de tannerie et de teinture de la laine dans la capitale, et jeta ainsi les bases du Reykjavík moderne.

## ❹ Austurvöllur

Le verdoyant parc d'Austurvöllur jouxte l'Alþing (p. 43). En son centre se trouve une statue de Jón Sigurðsson (1811-1879), qui mena la lutte pour l'indépendance de l'Islande. Des concerts en plein air et des manifestations politiques s'y déroulent parfois. La cathédrale de la ville, la Dómkirkja (p. 43), est située à proximité.

## ❺ Iðnó

En approchant du lac Tjörnin, remarquez le Ráðhús (hôtel de ville ; p. 43) et l'**Iðnó** (Iðnaðarmannahúsið, littéralement "maison des artisans" ; idnorvk.is), qui se dressent au bord de l'eau. Le second édifice, conçu et bâti par Einar Pálsson en 1896, servit longtemps de théâtre. Il a fait l'objet d'un vaste projet de rénovation. Il abrite désormais un café et des espaces de coworking, et accueille des événements culturels.

## ❻ Autour du lac Tjörnin

Sur le pourtour du lac Tjörnin (p. 41) s'égrènent la jolie église **Fríkirkjan í Reykjavík**, la Galerie nationale d'Islande (p. 72) et le **parc Hljómskálagarður** (gratuit), orné de sculptures.

## ❼ Musée national

Le Musée national (p. 34) retrace l'histoire de l'Islande, depuis les origines de son peuplement jusqu'à l'époque moderne. Il accueille également des expositions photographiques tournantes ; un sympathique café est installé sur place.

### Une petite pause ?

Faites une pause-café sur la place Austurvöllur.

Nos adresses
Les incontournables p. 34
Voir p. 41
Se restaurer p. 43
Prendre un verre p. 46
Sortir p. 47
Shopping p. 47
A
B
C
D
1
2
3
4
5
6
Geirsgata
Quai des petits bateaux de croisière
Volcano House i8
3
Musée de la Photographie de Reykjavík
4
Bio Borgari
Tryggvagata
Vesturgata
24
Musée d'Art de Reykjavík
1
22
11
14
13
Fisch
19
16
20
Marché aux puces de Kolaportið
Sæbraut
Tryggvagata
Bæjarins Beztu
Öldugata
Garðastræti
Mjóstræti
23
25
Ingólfstorg
Hafnarstræti
17
Veltus
Austurstræti
Pósthússtræti
Túngata
Grjótagata
12
Aðalstræti
18
The Settlement Exhibition – Reykjavik 871±2
Kirkjustræti
Austurvöllur
9
10
26
Lækjargata
Hólavallagata
Statue de Skúli Magnússon
Alþing
6
Dómkirkja
7
8
Hávallagata
Arrêt de bus
Vonarstræti
Bókhlöðust
21
Amtmannsst
Templarasund
Garðastræti
Suðurgata
Ráðhús
5
VIEUX REYKJAVÍK
Sólvallagata
Office du tourisme principal
Bergsson Mathús
Iðnó
Arrêt de bus
Bókhlöðust
Garðastræti
Tjarnargata
Cimetière d'Hólavellir
Miðst
2
Tjörnin
Skálholtsst
Bjargarst
Suðurgata
Fríkirkjuvegur
Laufásvegur
Þingholtsstræti
Grundarst
Arrêt de bus
Hallargarðurinn
Skothúsvegur
Tjarnargata
Bjarkargata
Fjólugata
Arrêt de bus
Tjörnin
Musée national
Hringbraut
15
Parc Hljómskálagarður
Baldursgata
0
200 m
A
B
C
D

# Voir

## Musée d'Art de Reykjavík – Hafnarhús

MUSÉE D'ART

1 PLAN P. 40, C1

Cet entrepôt magnifiquement restauré, habillé d'acier et de béton, a été transformé en un vaste espace consacré à des expositions temporaires d'art contemporain (installations, vidéos, tableaux et sculptures). Des peintures d'Erró (Guðmundur Guðmundsson), un artiste engagé islandais, sont exposées de manière permanente. (411 6400 ; www.artmuseum.is ; Tryggvagata 17 ; tarif plein/enfant 1 880 ISK/gratuit ; 10h-17h ven-mer, 10h-22h jeu ; 1, 3, 6, 11, 12, 13, 14)

## Lac Tjörnin

LAC

2 PLAN P. 40, C4

Parfois surnommé "l'Étang", le Tjörnin résonne des cris de quelque 40 espèces d'oiseaux – cygnes, oies, sternes arctiques... Les tout-petits viennent nourrir les canards. De jolis parcs ornés de sculptures, comme le Hljómskálagarður, se déploient sur la rive sud ; leurs sentiers attirent cyclistes et joggeurs. En hiver, les courageux chaussent des patins à glace et le lac se métamorphose en une patinoire en plein air.

## i8

GALERIE D'ART

3 PLAN P. 40, B1

Cette galerie accueille la crème des artistes contemporains du

Le Tjörnin

ROBERTO LA ROSA/SHUTTERSTOCK ©

## Colonisation et sagas islandaises

Longtemps, les mythes et récits de tempêtes violentes, de vents furieux et de barbares à tête de chien gardèrent les explorateurs à distance du grand océan du Nord, l'*oceanus innavigabilis*. Des moines irlandais, installés aux îles Féroé en quête de solitude et d'isolement, furent probablement les premiers à fouler le sol islandais. Les *papar* (pères) irlandais se seraient installés en Islande autour de l'an 700, avant de fuir à l'arrivée des Vikings, au début du IXe siècle.

### L'âge de la colonisation

L'âge de la colonisation s'étala entre 870 à 930, période durant laquelle des conflits politiques en Scandinavie continentale obligèrent de nombreux habitants à fuir. La majorité de ces colons étaient des Scandinaves du peuple : fermiers, éleveurs et commerçants, mariés à des Bretonnes (d'Angleterre), à des Irlandaises ou à des Écossaises.

Vers 860, le Norvégien Flóki Vilgerðarson accosta au Snæland. Il navigua en suivant les corbeaux, ce qui lui valut le surnom de Hrafna-Flóki ("Flóki aux Corbeaux"). Il atteignit non sans mal le Vatnsfjörður, sur la côte ouest, et déchanta devant les icebergs qui flottaient dans le fjord. Il rebaptisa le pays Ísland ("terre de Glace") et repartit en Norvège. Mais il finit par revenir en Islande et s'établit dans la région du Skagafjörður, sur la côte nord.

Selon le *Livre des Islandais* (*Íslendingabók*), une fresque historique écrite au XIIe siècle, Ingólfur Arnarson, considéré comme le premier colon islandais, s'enfuit de Norvège avec son frère de sang Hjörleifur et débarqua à Ingólfshöfði (sud-est de l'Islande) en 871. Ingólfur fut conduit à Reykjavík par un rituel païen : à l'approche de la terre, il jeta à la mer les piliers du trône (symbole d'autorité du chef de clan), suivant une tradition viking qui voulait que l'endroit où les dieux les pousseraient serait l'emplacement de sa nouvelle demeure. Ingólfur nomma l'endroit Reykjavík ("baie des Fumées") en référence à la vapeur de ses sources thermales. Hjörleifur s'installa à côté de l'actuelle ville de Vík.

### L'âge des sagas

La fin du XIIe siècle correspondit au début de l'âge des sagas, période au cours de laquelle historiens et écrivains immortalisèrent dans des épopées en prose les vies et actes héroïques des premiers migrants, les luttes familiales, les passions amoureuses, les vengeances... Piliers de la littérature islandaise médiévale, les sagas sont des sources précieuses pour comprendre l'histoire du pays.

pays, dont beaucoup exposent aussi à l'étranger. (☎551 3666 ; www.i8.is ; Tryggvagata 16 ; gratuit ; ⏲12h-17h mer-sam, 13h-17h sam ou sur rdv)

### Musée de la Photographie de Reykjavík

MUSÉE

4 PLAN P. 40, C1

Cet espace muséal, aménagé au-dessus de la bibliothèque de la ville, mérite une visite pour ses excellentes expositions de photographes régionaux. Si vous montez par l'ascenseur, redescendez par l'escalier orné de photos anciennes. (Ljósmyndasafn Reykjavíkur ; ☎411 6390 ; reykjavikcitymuseum.is ; 6e ét., Tryggvagata 15, Grófarhús ; tarif plein/enfant 1 000 ISK/gratuit ; ⏲10h-18h lun-jeu, 11h-18h ven, 13h-17h sam-dim)

### Ráðhús

ÉDIFICE REMARQUABLE

5 PLAN P. 40, C3

L'hôtel de ville est une construction postmoderne avec pilotis en béton, fenêtres teintées et enceinte recouverte de végétation, située sur les berges du lac – il paraît surgir de l'eau. À l'intérieur, observez l'intéressante carte en relief de l'Islande. Le principal office du tourisme (p. 153) est installé sur place. (Vonarstræti ; gratuit ; ⏲8h-18h lun-ven, 10h-18h sam, 12h-18h dim)

### Alþing

ÉDIFICE HISTORIQUE

6 PLAN P. 40, C3

Le premier Parlement islandais fut créé à Þingvellir en 930. Après avoir perdu son indépendance au XIIIe siècle, le pays retrouva peu à peu son autonomie. L'Alþing s'établit dans le bâtiment en basalte actuel en 1881. L'élégante annexe en pierre et verre fut achevée en 2002. Les sessions parlementaires (4/semaine de mi-septembre à début juin ; infos sur le site Web) sont ouvertes au public. (Parlement ; ☎563 0500 ; www.althingi.is ; Kirkjustraeti ; gratuit)

### Dómkirkja

ÉGLISE

7 PLAN P. 40, C3

La principale cathédrale islandaise est une construction modeste, qui joua un rôle clé dans la conversion du pays au luthéranisme. Construit au XVIIIe siècle et agrandi en 1848, l'édifice actuel se distingue par de jolies proportions. À l'intérieur, la sobriété du bois est rehaussée de dorures. (www.domkirkjan.is ; Kirkjustræti ; ⏲10h-15h lun-ven, messe 11h dim)

## Se restaurer

### Messinn

PRODUITS DE LA MER **€€**

8 PLAN P. 40, D3

Pour ce qui est du poisson et des fruits de mer, le Messinn pourrait bien être la meilleure adresse de la capitale ! Sa spécialité : le poisson de votre choix crépitant dans une poêle en fonte, servi accompagné de pommes de terre au beurre et de salade – un régal. Atmosphère décontractée et service sympathique. (☎546 0095 ; www.messinn.com ; Lækjargata 6b ; plats 2 750-3 790 ISK ; ⏲11h30-14h lun-ven et 18h-22h ven-sam ; wifi)

### Apotek

FUSION €€€

9 PLAN P. 40, D2

Ce beau bar-restaurant au mobilier en verre et à l'ambiance branchée est réputé pour ses délicieuses petites assiettes à partager et ses excellents cocktails. Au rez-de-chaussée de l'hôtel du même nom. (☎551 0011 ; www.apotekrestaurant.is ; Austurstræti 16 ; plats 2 890-6 990 ISK ; ⏲12h-23h)

### Grillmarkaðurinn

FUSION €€€

10 PLAN P. 40, D3

L'élégance et le style sont de mise dans cet établissement avec cuisine gastronomique et service impeccable. Une clientèle mélangée de touristes et de Reykjavikois vient savourer des produits islandais sublimés avec raffinement et imagination. (Grill Market ; ☎571 7777 ; www.grillmarkadurinn.is ; Lækjargata 2a ; plats 3 990-6 990 ISK ; ⏲17h30-22h30 dim-jeu, jusqu'à 23h ven-sam)

### Fiskfélagið

PRODUITS DE LA MER €€€

11 PLAN P. 40, C2

La "Fish Company" fait voyager les recettes islandaises vers de lointains horizons, de la noix de coco des îles Fidji au chorizo espagnol. Installez-vous dans la salle intimiste habillée de pierre et de bois, et agrémentée de lampes en cuivre et d'un mobilier excentrique, ou dehors, sur la terrasse. (☎552 5300 ; www.fishcompany.is ; Vesturgata 2a ; plats déj 2 990-4 490 ISK, dîner 4 900-9 900 ISK ; ⏲11h30-14h30 et 17h-22h30 lun-jeu, jusqu'à 23h ven, 16h-23h sam, 16h-22h30 dim)

### Fiskmarkaðurinn

PRODUITS DE LA MER €€€

12 PLAN P. 40, C2

Le "Marché aux Poissons", un restaurant joliment éclairé, sait comme nul autre instiller des saveurs originales (racine de lotus, par exemple) dans les plats de la mer (joliment présentés) et les produits locaux. Menu dégustation recommandé ; excellent bar à sushis (3 600-4 100 ISK) – qui fait sa renommée. (Fish Market ; ☎578 8877 ; www.fiskmarkadurinn.is ; Aðalstræti 12 ; plats 5 100-9 800 ISK ; ⏲18h-23h30)

### Matarkjallarinn

ISLANDAIS €€€

13 PLAN P. 40, C2

Au "Garde-Manger", l'élégance est reine. Au programme ici ? Des plats de brasserie, des ingrédients islandais entrant dans la composition de plats comme le cabillaud cuit lentement, le saumon fermenté et l'omble chevalier fumé, un décor enchanteur et des cocktails virtuoses. (☎558 0000 ; www.matarkjallarinn.is ; Aðalstræti 2 ; plats déj 2 490-4 490 ISK, dîner 4 590-8 790 ISK ; ⌚11h30-14h30 lun-ven, 17h-22h tlj)

### Stofan Kaffihús

CAFÉ €

14 PLAN P. 40, C2

Ce café chaleureux doté d'une grande salle spacieuse au parquet usé, avec des fauteuils confortables, invite à prendre son temps pour savourer un café, un gâteau ou une soupe. Soirée jeux de plateau hebdomadaire. (☎546 1842 ; www.facebook.com/stofan.cafe ; Vesturgata 3 ; plats 1 650-1 900 ISK ; ⌚11h-23h ; Wi-Fi)

### Café Kaffitár

CAFÉ €

15 PLAN P. 40, A6

Au rez-de-chaussée du Musée national, ce café aux baies vitrées donnant sur une fontaine permet de prendre une pause bienvenue, avec toute une gamme de boissons caféinées, des soupes équilibrées, des sandwichs et des salades. Accès Wi-Fi. (Suðurgata 41 ; en-cas 750-1 900 ISK ; ⌚9h-17h lun-ven, 10h-17h sam-dim, fermé lun mi-sept à avr ; Wi-Fi)

Le Stofan Kaffihús

EGILL BJARNASON/LONELY PLANET ©

# Prendre un verre

## Paloma

CLUB

16 PLAN P. 40, C2

Une excellente discothèque. En haut, des DJ mixent reggae, électro et pop, tandis qu'au sous-sol, le sombre *dancefloor* résonne aux accents de la deep house. Dans le même bâtiment que le Dubliner. (www.www.facebook.com/palomareykjavik ; Naustin 1 ; 12h-4h30 ven-sam, 20h-1h dim)

## Pablo Discobar

BAR À COCKTAILS

17 PLAN P. 40, C2

Pour le prix d'un cocktail, échappez à l'obscurité et à la météo contrariante de la capitale la plus septentrionale au monde. Éclairage au néon, ambiance tropicale rétro... Voici le haut lieu des boissons exotiques à Reykjavík. *DJ sets* le week-end, boissons à prix réduits le mercredi soir. Sert aussi les tables du Burro, le restaurant à tapas de l'étage inférieur, jusqu'à minuit. (552 7333 ; www.facebook.com/discobarrvk ; Veltusundi 1 ; 16h-1h dim-jeu, jusqu'à 3h ven-sam)

### Les meilleurs hot dogs de la ville

Les Islandais raffolent des hot dogs du *food truck* **Bæjarins Beztu** (plan p. 40, D2 ; www.bbp.is ; Tryggvagata ; hot dogs 450 ISK ; 10h-1h dim-jeu, 10h-4h30 ven-sam), garé près du port – et fréquenté par Bill Clinton et les noctambules. Prononcez la formule magique *Eina með öllu* ("un avec tout") et on vous remettra le hot dog star, avec moutarde sucrée, ketchup et oignons croustillants.

## Skúli Craft Bar

BIÈRE ARTISANALE

18 PLAN P. 40, C2

Quatorze bières pression artisanales, majoritairement islandaises (le grand atout du lieu), plus de 130 marques proposées en bouteille. Un assortiment de 6 bières revient à 4 500 ISK ; *happy hour* de 16h à 19h. (519 6455 ; www.facebook.com/skulicraft ; Aðalstræti 9 ; 12h-23h dim-mer, jusqu'à 0h jeu, 12h-1h ven-sam)

## Micro Bar

BAR

19 PLAN P. 40, C2

Cette adresse discrète au cœur de l'animation se positionne dans le haut de gamme. À la pression : 14 créations issues des meilleures microbrasseries de l'île ; bières à 900 ISK durant l'*happy hour* (16h-19h). Goûtez les plateaux de 5 mini-bières au fût (3 000 ISK – 5 000 ISK pour 10 bières). (865 8389 ; www.facebook.com/MicroBarIceland ; Vesturgata 2 ; 16h-23h mar-dim)

### Frederiksen Ale House

PUB

20 PLAN P. 40, C2

Une modeste sélection de bières à la pression (une achetée, une offerte de 16h à 19h), un choix plus vaste de bières en bouteille et une cuisine de pub correcte – brunch compris. Malgré l'adresse, l'établissement est situé à l'angle de Tryggvagatta et de Naustin. (571 0055 ; www.frederiksen.is ; Hafnarstræti 5 ; 11h30-23h lun-ven, 0h-23h sam, 12h-23h dim)

### Klaustur

BAR À VINS

21 PLAN P. 40, C3

Ce repaire nocturne séduisant, intimiste et accueillant est avant tout un bar à vins. On y trouve également une intéressante sélection de spiritueux, comprenant le whisky de malt local Flóki et la vodka douce Katla. (571 4421 ; www.klaustur.bar ; Kirkjutorg 4 ; 16h-0h lun-jeu, jusqu'à 2h ven-sam, 18h-23h dim)

## Sortir

### Húrra

MUSIQUE LIVE

Ce grand bar au cadre sombre et brut ouvre son arrière-salle pour accueillir, presque tous les soirs, des concerts ou des *DJ sets*. C'est l'un des meilleurs endroits en ville pour finir la soirée. Bières à la pression. *Happy hour* jusqu'à 21h. À **Tryggvagata 22** (voir 21 plan p. 40, C2). (www.facebook.com/hurra.is ; 18h-1h dim-jeu, 18h-4h30 ven-dim ; )

### Vie nocturne

Au programme des discothèques du vieux quartier de Reykjavík : d'excellents *DJ sets* de fin de soirée et une ambiance endiablée. Ces établissements ne s'animent qu'après minuit, mais vous pouvez aussi y passer tôt, pour profiter de l'*happy hour*.

### Gaukurinn

MUSIQUE LIVE

22 PLAN P. 40, C2

Une adresse tout à la fois grunge et flamboyante, dont la programmation mêle musique live, humour, karaoké et scène ouverte. *Happy hour* de 16h à 20h. (www.gaukurinn.is ; Tryggvagata 22 ; 16h-1h dim-jeu, 16h-3h ven-sam)

## Shopping

### Fischer

CONCEPT STORE

23 PLAN P. 40, B2

Studio d'enregistrement officiel du musicien islandais Jónsi, surtout connu comme leader du groupe Sigur Rós, ce *concept store* a de faux airs de salle d'expo. Parfums, fines herbes islandaises, savonnettes et bougies faites main, musique éthérée et œuvres d'art visuel stimulent tous les sens. (www.fischersund.com ; Fischersund 3 ; 12h-18h lun-ven, jusqu'à 16h sam)

### Kirsuberjatréð ARTISANAT ET DESIGN

24 PLAN P. 40, C1

Dans la boutique de ce collectif de 11 créatrices, qui occupe une ancienne librairie fondée en 1882 : des bracelets et sacs à main en galuchat, des boîtes à musique fabriquées avec de la ficelle, des bols colorés confectionnés avec des tranches de radis... (Cherry Tree ; 562 8990 ; www.kirs.is ; Vesturgata 4 ; 11h-18h lun-ven, 11h-17h sam-dim)

### Akkúrat DESIGN

25 PLAN P. 40, C2

Le meilleur du design et de la création nordique, des mugs

## Pop islandaise

L'Islande occupe une place de choix dans le monde de la musique pop-rock. Parmi les musiciens mondialement célèbres, Björk et son ancien groupe, les Sugarcubes, arrivent bien sûr en tête. Les Sigur Rós leur ont emboîté le pas sur le chemin de la notoriété – le film musical *Heima*, de Dean DeBlois, suit leur tournée en 2007. Le groupe d'indie folk Of Monsters and Men a fait un malheur dans les charts nord-américains au début des années 2010 avec *My Head Is an Animal* – l'album suivant, *Beneath the Skin* (2015), s'est également classé parmi les meilleures ventes. En 2013, Ásgeir a connu un succès international avec *In the Silence*, suivi d'*Afterglow* en 2017.

À Reykjavík, la scène musicale est bouillonnante – consultez les sites www.icelandmusic.is et www.grapevine.is pour vous faire une idée de sa variété. Plusieurs membres du groupe indie folk Seabear se sont fait un nom en solo, comme Sin Fang (*Flowers*, 2013 ; *Spaceland*, 2016) et Sóley (*We Sink*, 2012 ; *Ask the Deep*, 2015 ; *Endless Summer*, 2017). Árstíðir, connu pour son indie folk minimaliste, s'est associé à Anneke van Giersbergen pour l'album *Verloren Verleden* (2016).

Citons également le groupe GusGus (*Lies Are More Flexible*, 2018 ; pop électro), FM Belfast (*Island Broadcast*, 2017 ; électro) et Múm (mix d'électro expérimentale et d'instruments traditionnels). Avec ses morceaux indé et électro, le groupe de dream pop Vök possède une armée de fans locaux. Écoutez Singapore Sling pour un rock pur et dur. Et si votre séjour coïncide avec l'un des nombreux festivals de musique islandais (p. 20), foncez !

## Marché aux puces de Kolaportið

Véritable institution, le **marché aux puces de Kolaportið** (plan p. 40, D2 ; www.kolaportid.is ; Tryggvagata 19 ; 11h-17h sam-dim) se tient le week-end dans un bâtiment industriel près du port. C'est un immense bric-à-brac de vêtements d'occasion, de vieux jouets et d'articles importés à bas prix avec aussi, dans la section alimentaire, des spécialités comme le *rúgbrauð* (pain de seigle cuit par géothermie) et la *brauðterta* (genre de gâteau rempli de garnitures à la mayonnaise).

peints à la main aux pulls marins, dans un *concept store* soutenu par l'**Iceland Design Centre** (Hönnunarmiðstöð ; www.icelanddesign.is). Jetez un coup d'œil aux chapeaux et pulls de la marque Döðlur. (895 4452 ; www.facebook.com/akkuratreykjavik ; Aðalstræti 2 ; 11h-19h lun-ven, 11h-18h sam, 11h-17h dim)

### Nordic Store

VÊTEMENTS

26 PLAN P. 40, D3

*Lopapeysur* (pulls en laine islandais) traditionnels ou contemporains, chapeaux, bandeaux, chaussettes et gants. (445 8080 ; www.nordicstore.net ; Lækjargata 2 ; 10h-21h)

REYKJAVÍK
REYKJAVÍK

Explorer

# Le vieux port

*Toujours en activité, le vieux port est aussi devenu touristique, comme le quartier voisin de Grandi, grâce à la présence de plusieurs musées, de salles projetant des documentaires sur les aurores boréales, de boutiques et de restaurants – sans oublier les bateaux de pêche, l'Harpa (p. 72) et le sommet enneigé de l'Esja en toile de fond. C'est le point de départ d'excursions pour observer les baleines et les macareux.*

*Commencez par une promenade entre les bateaux et les restaurants sur les quais. Puis direction le Musée maritime de Reykjavík (p. 56), avant un déjeuner de cuisine de rue au Grandi Mathöll (p. 58) et une visite alléchante (sur réservation) d'Omnom Chocolate (p. 56). Prochain arrêt : les trois galeries gratuites de la Marshall Húsið (p. 57) – avec un cocktail sur place, pour l'happy hour. Marchez au bord de l'eau jusqu'à Flatey Pizza (p. 58), pour une excellente pizza, ou au Matur og Drykkur (p. 57), pour une cuisine islandaise créative. Envie d'un dernier verre ? La microbrasserie Bryggjan Brugghús (p. 57) et le bar à cocktails Slippbarinn (p. 61) ne sont pas loin.*

## Comment y aller et circuler

À 1 km à pied du centre, ce secteur dense et de caractère est agréable à explorer à pied.

Le bus Strætó n°14 dessert le vieux port ; depuis Laugardalur, il passe par Hlemmur, la gare BSÍ et la place Lækjartorg dans le vieux Reykjavík. Descendez à l'arrêt Mýrargata pour aller voir les baleines et à Grandagarður pour le Musée maritime.

**Plan du vieux port p. 54**

Lever du soleil sur le vieux port BAHADIR YENICERI/SHUTTERSTOCK ©

Les incontournables

# Observer les baleines

*L'observation des baleines compte parmi les activités phares en Islande. Des bateaux lèvent l'ancre toute l'année, dans l'espoir de croiser ces créatures grandioses. Les eaux septentrionales au large d'Húsavík et d'Akureyri sont réputées ; à Reykjavík, des bateaux partent directement du vieux port. Ces sorties donnent aussi l'occasion de voir des oiseaux marins.*

PLAN P. 54, D6

Excursion 2-3 heures
Tarif plein/enfant
à partir de 9 900/4 950 ISK

## Baleines

Les baleines de Minke (photo à gauche) et à bosse sont les plus courantes. Les premières sont connues pour leur nature curieuse, leur calme et leur taille spectaculaire. Les secondes se distinguent par leur silhouette élégante, avec un corps noir, fin et hydrodynamique, et un aileron pectoral rayé de blanc, et par leur tendance à bondir entièrement hors de l'eau.

## Marsouins et dauphins

Tâchez d'apercevoir des marsouins dans le port ; petits et timides, ils sont plus faciles à repérer par beau temps. Plus grégaires, les dauphins à nez blanc se déplacent en bancs, suivent de près les bateaux et sont visibles même en hiver.

## Macareux et oiseaux marins

L'avifaune est riche en Islande, notamment pendant la période de nidification (mai-août). Outre le macareux moine, avec sa petite tête ronde et son bec orange, on trouve des colonies de fous de Bassan, des guillemots, des goélands, des pingouins tordas, des mouettes tridactyles...

## Tour-opérateurs

**Elding Adventures at Sea** (☎519 5000 ; elding.is ; Ægisgarður 5 ; tarif plein/enfant 11 990/5 995 ISK ; 🕒kiosque du port 8h-21h ; 🚌14). Une enseigne fiable et respectueuse de l'environnement ; pêche en mer, observation des baleines et des macareux ; circuits combinés ; gère aussi le ferry pour Viðey.

**Special Tours** (☎560 8800 ; www.specialtours.is ; Ægisgarður 13 ; 🕒kiosque du port 8h-20h ; 🚌14). Petit bateau rapide ; pêche ; observation des baleines ou des macareux ; circuits combinés.

**Whale Safari** (Mr Puffin ; ☎497 0000 ; www.whalesafari.is ; Ægisgarður 7 ; 22 000 ISK/pers ; 🕒kiosque du port 8h-20h mi-avr à oct ; 🚌14). Circuits d'observation des baleines et des macareux en Zodiac.

### ★ À savoir

- Réservez les circuits.
- Les sorties sont annulées quand la mer est trop agitée.
- Les circuits ont lieu toute l'année ; les départs sont plus fréquents de mai à août (la saison idéale).
- Si vous ne voyez pas de baleine, de nombreuses agences vous offriront un bon pour une autre excursion.
- Des prestataires proposent des sorties de pêche en mer (tarif plein/enfant à partir de 12 990/6 500 ISK) et d'observation des macareux (à partir de 5 700/2 700 ISK) – vous aurez souvent l'occasion de voir ces derniers en partant observer les baleines.

### ✕ Une petite pause ?

Véritable institution, le Sægreifinn (p. 58) sert des brochettes de poisson frais et grillé. À deux pas, le Hamborgara Búllan (p. 59) est connu pour ses burgers.

A
B
C
D
1
2
3
4
5
6
Whales of Iceland
4
GRANDI/ ÖRFIRISEY
Fiskislóð
10
Valdís
14
20
1
12
Musée maritime de Reykjavík
9
18
7
Grandagarður
Bryggjan Brugghús
Saga Museum
8
3
5
Aurora Reykjavík
Rastargata
15
Hlésgata
Observer les baleines
Ægisgarður
Nýlendugata
Bakkastígur
Mýrargata
Arrêt de bus
13
17
11
Vesturgata
Ægisgata
Geirsgata
16

E
F
G
H
1
2
3
4
5
6
2
Omnom Chocolate
21
Hólmaslóð
Stúdíó Ólafur Elíasson
Kling & Bang
19
Nýló
OCÉAN ATLANTIQUE NORD
Þúfa
6
Vieux port
Ferry pour Viðey (en été uniquement)
Nos adresses
Les incontournables p. 52
Voir p. 56
Se restaurer p. 57
Prendre un verre p. 61
Shopping p. 61
N
0
100 m

# Voir

## Musée maritime de Reykjavík MUSÉE

1 PLAN P. 54, B4

Dans une ancienne usine de congélation du poisson, ce musée présente le rôle crucial de la pêche dans la transformation de l'économie islandaise. La section intitulée "*Fish & folk*" retrace 150 ans d'industrie, depuis les bateaux à rames de la fin des années 1800 jusqu'aux chalutiers du XXIe siècle, à travers des objets, des photos, des jeux interactifs... Vous y découvrirez quelques bateaux français ou belges. Essayez de participer à une visite guidée de l'ancien navire garde-côte *Óðinn* (1 300 ISK). (Sjóminjasafnið í Reykjavík ; 411 6300 ; reykjavikcitymuseum.is/reykjavik-maritime-museum ; Grandagarður 8 ; tarif plein/enfant 1 800 ISK/gratuit, Óðinn et musée 2 800 ISK ; 10h-17h, visites de l'Óðinn 13h, 14h et 15h)

## Omnom Chocolate CHOCOLATERIE

2 PLAN P. 54, E1

Réservez une visite guidée (14h lun-ven) de cette chocolaterie pour savoir comment les fèves de cacao sont transformées en de délicieuses friandises. Des tablettes aux multiples parfums et aux emballages design sont en vente sur place. (519 5959 ; www.omnomchocolate.com ; Hólmaslóð 4, Grandi ; tarif plein/enfant 3 000/1 500 ISK ; boutique 13h-22h)

## Saga Museum MUSÉE

3 PLAN P. 54, A5

Le musée des Sagas fait revivre l'histoire islandaise, illustrée par d'inquiétants mannequins, avec une bande-son multilingue comportant des bruits de hache et des cris d'effroi. Ne vous étonnez pas si vous croyez reconnaître des personnages parmi les habitants de Reykjavík : certains ont servi de modèles, à l'instar des filles du directeur – la princesse irlandaise et la petite esclave grignotant un poisson. (511 1517 ; www.sagamuseum.is ; Grandagarður 2 ; tarif plein/enfant 2 500/1 000 ISK ; 10h-17h)

## Whales of Iceland MUSÉE

4 PLAN P. 54, B2

Ce musée présente des reproductions grandeur nature des 23 espèces de baleines vivant au large des côtes islandaises. Observez la collection de squelettes de cétacés ; bons audioguides et écrans multimédias. Café et boutique de souvenirs sur place. (571 0077 ; www.whalesoficeland.is ; Fiskislóð 23 ; tarif plein/enfant 2 900/1 500 ISK ; 10h-17h)

## Aurora Reykjavík MUSÉE

5 PLAN P. 54, A5

Après vous être documenté sur les légendes entourant

## Les galeries et ateliers d'art de la Marshall Húsið

La réhabilitation de cette ancienne usine de farine de poisson, qui accueille aujourd'hui trois espaces dédiés à l'art, a joué un rôle clé dans la métamorphose de Grandi comme enclave bohème. Les lieux abritent également un bar branché, le Marshall (p. 61).

**Nýló** (Nýlistasafnið – The Living Art Museum ; plan p. 54, F2 ; ☎551 4350 ; www.nylo.is ; Grandagarður 20, Marshall Húsið, Grandi ; gratuit ; 🕓12h-18h mar-dim, jusqu'à 21h jeu). Vivier dynamique d'artistes contemporains émergents ou établis ; concerts et autres performances.

**Kling & Bang** (plan p. 54, F2 ; ☎554 2003 ; www.this.is/klingandbang ; Grandagarður 20, Marshall Húsið, Grandi ; gratuit ; 🕓12h-18h mer- dim et jusqu'à 21h jeu). Espace d'exposition innovant, géré par des artistes et très prisé des habitants.

**Stúdíó Ólafur Elíasson** (plan p. 54, F2 ; ☎551 3666 ; www.olafureliasson.net ; Grandagarður 20, Marshall Húsið, Grandi ; gratuit ; 🕓12h-18h mer-dim). Mondialement reconnu, l'artiste islando-danois Ólafur Elíasson a notamment conçu la façade de l'Harpa (salle de concert ; p. 72). Vous découvrirez dans son studio de grandes installations, avec bois flotté, rubans de métal, textures lumineuses...

les aurores boréales et leur explication scientifique, assistez à une projection HD de 35 minutes. (Northern Lights Center ; ☎780 4500 ; www.aurorareykjavik.is ; Grandagarður 2 ; tarif plein/enfant 2 000/1 000 ISK ; 🕓9h-21h)

### Þúfa SCULPTURE

6 PLAN P. 54, H3

Cette œuvre imposante (le "Tussack"), créée par Ólöf Nordal en 2013, forme une butte verte haute de 8 m et composée de 4 500 t de gravier. Elle est surmontée par une sorte de cabane évoquant celles où est préparé le *harðfiskur* (stockfisch). Situé à l'embouchure, dans le quartier de Grandi, le site offre une belle vue sur le vieux port et la baie de Faxa. (Norðurslóð)

### Bryggjan Brugghús BRASSERIE

7 PLAN P. 54, B4

La visite de cette microbrasserie aux cuves étincelantes (30 min) est accompagnée d'une dégustation de 3 ou 6 bières. Départ toutes les heures à l'heure pile ; inutile de réserver. (☎456 4040 ; www.barion.is ; Grandagarður 8 ; visites 3 500-5 000 ISK ; 🕓11h30-23h dim-mer, jusqu'à 0h jeu, jusqu'à 2h ven-sam)

## Se restaurer

### Matur og Drykkur ISLANDAIS €€

8 PLAN P. 54, A5

L'un des meilleurs restaurants de Reykjavík. Matur og Drykkur signifie "Nourriture et Boisson", et vous n'aurez à vous plaindre

Le Grandi Mathöll

ni de l'une ni de l'autre ! Né de l'imagination du chef Gísli Matthías Auðunsson, qui possède aussi l'excellent Slippurinn (p. 114) aux Vestmannaeyjar, l'établissement propose des versions créatives de plats traditionnels islandais. Réservez en haute saison. (☎571 8877 ; www.maturogdrykkur.is ; Grandagarður 2 ; menu dégustation 11 900 ISK, avec vin 8 900 ISK ; 🕘18h-22h jeu-dim ; 🖉)

## Flatey Pizza

PIZZERIA €

9 🍴 PLAN P. 54, A4

Dans ce lieu branché et élégant, la pizza est un art. La pâte au levain à la farine bio est cuite 1 minute seulement à 500°C, pour préserver les saveurs de la garniture. On ne peut pas réserver : préparez-vous à faire la queue. (☎588 2666 ; www.flateypizza.is ; Grandagarður 11 ; pizzas 1 790-2 890 ISK ; 🕘11h-22h lun-ven, à partir de 12h sam-dim)

## Grandi Mathöll

CUISINE DE RUE €

10 🍴 PLAN P. 54, D3

Cette ancienne usine de poisson transformée en un espace dévolu à la cuisine de rue est emblématique de la métamorphose de Grandi. De longues tables à tréteaux côtoient des étals chargés de mets à base d'agneau, de poisson, de légumes... Guettez le Gastro Truck, dont le burger au poulet ne manque pas de piment *jalapeño*. (☎787 6200 ; www.grandimatholl.is ; Grandagarður 16 ; plats à partir de 1 500 ISK ; 🕘11h-20h)

## Sægreifinn

PRODUITS DE LA MER €

11 PLAN P. 54, D6

Rejoignez cette cabane verte sur le port, pour savourer une merveilleuse soupe de langoustines ou choisir des brochettes de poisson frais à faire griller. Le lieu conserve un charme discret. (Seabaron ; 553 1500 ; www.saegreifinn.is ; Geirsgata 8 ; plats à partir de 1 500 ISK ; 11h30-22h)

## Messinn Granda

PRODUITS DE LA MER €€

12 PLAN P. 54, B4

Savourez la prise du jour à ce genre de buffet sur le port, qui sert sa sélection de produits frais dans des poêlons fumants, avec légumes-racines et épinards. Une formule simple à souhait, élaborée dans le fameux (et tout petit) restaurant Messinn du secteur historique (p. 43). (562 1515 ; www.messinn.com ; Grandagarður 8 ; buffet déj/dîner 2 800/4 000 ISK ; déj 11h30-14h, dîner 18h-22h)

## Hamborgara Búllan

HAMBURGERS €

13 PLAN P. 54, C6

Ce petit coin d'Amérique du Nord dans le vieux port remporte un franc succès avec ses burgers – y compris auprès des stars hollywoodiennes de passage dans le coin. (Hamborgarabúlla Tómasar ; 511 0800 ; www.bullan.is ; Geirsgata 1 ; burgers/repas à partir de 1 300/3 990 ISK ; 11h-21h ; )

## Kaffivagninn

ISLANDAIS, SCANDINAVE €€

14 PLAN P. 54, C4

On peut voir les bateaux à travers de larges vitres dans ce restaurant sur le port. Bons petits-déjeuners et copieux plats de poisson. (551 5932 ; kaffivagninn.is ; Grandagarður 10 ; plats 1 790-3 490 ISK ; 7h30-18h lun-ven, à partir de 8h sam-dim ; )

## Fish & Chips

POISSON €

15 PLAN P. 54, C5

Ce *food truck* près du Musée maritime sert de délicieux *fish and chips* fumants. (840 4100 ;www. fishandchipsvagninn.is ; Hlésgata ; plats 1 890-2 200 ISK ; 11h-21h, fermé en hiver)

## 17 Sortir

BOULANGERIE €

16 PLAN P. 54, B4

Cupcakes au Toblerone, pâtisseries vegan, gâteaux au chocolat à 4 étages... Le choix du jour a de quoi ravir tous

### Des glaces !

S'ils habitent un pays glacial, les Islandais n'en aiment pas moins les glaces. Les familles se pressent tout l'été chez **Valdís** (plan p. 54, B4 ; 586 8088 ; www.valdis.is ; Grandagarður 21 ; 490 ISK/boule ; 11h30-23h ; ). Prenez un numéro et joignez-vous à la foule pour un délice maison.

## Questions d'éthique alimentaire

De nombreux restaurants islandais proposent des spécialités telles que la baleine (*hvál/hvalur*), le requin fermenté (*hákarl*) et le macareux (*lundi*). Ce qui n'est pas sans conséquence sur les espèces et leurs délicats écosystèmes, sachant que 2,2 millions de touristes visitent le pays chaque année (plus de 6 fois la population).

- On estime que 60% de la consommation de viande de baleine est due aux touristes.

- D'après un sondage Gallup (2017), 81% des Islandais n'ont jamais mangé de baleine. Seulement 1% des personnes interrogées en consomment régulièrement.

- Le rorqual commun est classé parmi les espèces menacées au niveau mondial ; son statut dans l'Atlantique nord fait l'objet d'un vif débat.

- Le ministère des Industries et de l'Innovation islandais soutient que la chasse à la baleine ne pose pas de problème, tant qu'elle ne dépasse pas 1% des "réserves" locales, qu'elle est strictement encadrée et respecte les lois internationales.

- Selon le Fonds international pour la protection des animaux (www.ifaw.org), les dernières campagnes ont contribué à diviser par deux la consommation de chair de baleine par les touristes. Plus d'un restaurant sur deux à Reykjavík s'est engagé à ne pas en servir.

- Le requin du Groenland, dont la chair est utilisée pour préparer l'*hákarl*, a le statut d'espèce quasi menacée.

- Des études récentes suggèrent que l'espérance de vie du requin du Groenland serait de 500 ans, mais qu'il ne deviendrait fertile qu'à l'âge de 150 ans. Toute baisse dans sa population serait très longue à compenser.

- Le macareux est considéré comme une espèce vulnérable au niveau mondial, en raison du déclin rapide de sa population en Europe. Depuis 2003, le nombre de macareux a chuté de 40% environ.

- Nous n'avons pas exclu de notre guide les restaurants proposant ces viandes. Pour identifier les adresses qui ne servent pas de viande de baleine, consultez le site www.icewhale.is/whale-friendly-restaurants.

les gourmands. "17 Sortir" fait référence à un roman du prix Nobel de littérature Halldór Laxness, dans lequel une maîtresse de maison estime que 17 sortes de gâteaux sont un minimum pour recevoir ses invités. (☎571 1705 ; www.17sortir.is ; Kringlan 4 - 12 ; 10h-18h lun-ven, 11h-17h sam et 12h-17h dim)

# Prendre un verre

## Slippbarinn — BAR À COCKTAILS

17 PLAN P. 54, C6

Ce bar animé de l'Icelandair Hotel Reykjavík Marina est un rendez-vous de la jet-set. Décoré de vieilles platines, il sert d'excellents cocktails. Pour des mixtures à prix réduit, passez durant l'*happy hour* (15h-18h). (☎560 8080 ; www.slippbarinn.is ; Mýrargata 2 ; 6h30-0h dim-jeu, jusqu'à 1h ven-sam ; wifi)

## Bryggjan Brugghús — BIÈRE ARTISANALE

18 PLAN P. 54, B4

Immense, assez sombre et parsemée de décorations de pub vintage, cette microbrasserie sur le port sert sur 12 tireuses ses propres bières. Participez à une visite (p. 57), puis installez-vous pour goûter une cuvée de la maison (600 ISK entre 15h et 19h). (☎456 4040 ; www.barion.is ; Grandagarður 8 ; 11h30-23h dim-mer, jusqu'à 0h jeu, jusqu'à 2h ven-sam ; wifi)

## Marshall — BAR

19 PLAN P. 54, F2

Arrêt rêvé des amateurs d'art, le Marshall occupe le même bâtiment que trois galeries. Il affiche une esthétique adéquate : c'est un lieu chic et industriel aux couleurs cuivrées, avec un joli bar rétroéclairé et une belle vue sur la ville. (☎519 7766 ; www.marshallrestaurant.is ; Grandagarður 20, Marshall Húsið, Grandi ; 11h30-14h mar-ven et 18h-21h jeu-sam ; wifi)

# Shopping

## Steinunn — MODE

20 PLAN P. 54, B4

Jetez un coup d'œil à la collection haute couture de la célèbre créatrice islandaise Steinunn Sigurðardóttir, qui comporte des pièces en laine originales. (☎588 6649 ; www.steinunn.com ; Grandagarður 17 ; 11h-18h lun-ven, 13h-16h sam)

## Farmers & Friends — MODE

21 PLAN P. 54, F1

Cette boutique de créateurs vend de sublimes bottes, vêtements et accessoires conçus et fabriqués dans le respect de l'environnement. (Farmers Market ; ☎552 1960 ; www.farmersmarket.is ; Hólmaslóð 2 ; 10h-18h lun-ven, à partir de 11h sam-dim)

HOTEL
Scandinavian
22
BRAVÓ

Explorer

# Laugavegur et Skólavörðustígur

*Principale artère commerçante de Reykjavík, Laugavegur permet de prendre le pouls de la ville. Cette rue étroite et semi-piétonne et les ruelles alentour concentrent les meilleurs bars, cafés et boutiques de la capitale. À son extrémité ouest, Laugavegur prend le nom de Bankastræti, puis d'Austurstræti. Skólavörðustígur, rue des artistes qui part en montant de Bankastræti, débouche sur l'impressionnante église moderniste Hallgrímskirkja.*

*Petit-déjeunez au Grái Kötturinn (p. 76), avant de découvrir l'art et le patrimoine islandais à la Maison de la culture (p. 72), puis l'architecture de l'Harpa (p. 72), et de vous perdre dans les paysages islandais du musée d'Art de Reykjavík (Karvalsstaðir ; p. 72). Après un déjeuner bio chez Gló (p. 75), filez admirer la vue du haut de l'Hallgrímskirkja (p. 64). Ensuite, cap sur la Galerie nationale d'Islande (p. 72), au bord du lac, ou sur la piscine géothermale de Sundhöllin (p. 72). Pour le dîner, réservez au Dill (p. 74) ou au SKÁL! (p. 74). Ou optez pour la cuisine de rue de Hlemmur Mathöll (p. 75). Terminez par un verre dans un bar du quartier.*

## Comment y aller et circuler

Mieux vaut se déplacer à pied dans le secteur, où de nombreuses rues sont piétonnes ou à sens unique.

Les bus n[os] 1, 3, 6, 11, 12 et 13 circulent entre l'arrêt principal Hlemmur, à l'extrémité est de Laugavegur, et la place centrale Lækjartorg – les lignes se poursuivent au-delà.

Plan de Laugavegur et Skólavörðustígur p. 70

Laugavegur MATTEO PROVENDOLA/SHUTTERSTOCK ©

Les incontournables

# Hallgrímskirkja

*Cette immense église en béton blanc luthérienne, visible à 20 km à la ronde, est l'édifice emblématique de Reykjavík. Elle porte le nom du pasteur et poète Hallgrímur Pétursson (1614-1674), auteur des* Psaumes de la Passion (Passíusálmar), *qui sont aujourd'hui encore lus dans les églises islandaises.*

PLAN P. 70, D6

510 1000

www.hallgrimskirkja.is

Skólavörðustígur

Clocher tarif plein/enfant 1 000/100 ISK

église : 10h-16h, clocher : 10h-15h30 lun-sam

## Architecture

L'architecte, Guðjón Samúelsson (1887-1950), puisa son inspiration dans les paysages islandais. Les colonnes de part et d'autre du clocher, haut de 74,50 m, évoquent les orgues basaltiques et la blancheur de la façade rappelle celle des glaciers. La construction s'étala sur 41 ans (1945-1986) et Samúelsson ne vit jamais l'église achevée. Prenez l'ascenseur jusqu'à la plate-forme en haut du clocher pour un panorama exceptionnel.

## Orgue

Par contraste avec l'aspect spectaculaire de l'extérieur, l'intérieur est tout en sobriété, abstraction faite du grand orgue aux 5 275 tuyaux, fabriqué en Allemagne par Johannes Klais Orgelbau et installé en 1992. Chaque tuyau fut financé grâce à l'argent d'un donateur dont le nom a été gravé dessus en remerciement. Remarquez, près de l'autel, un orgue plus ancien, qui fonctionne encore.

## Concerts et messes

De mi-juin à fin août, vous pourrez assister à des **concerts de musique chorale** (www.scholacantorum.is) à 12h le mercredi (3 000 ISK ; 30 min), et à des **récitals d'orgue** (www.listvinafelag.is) à 12h le jeudi et le samedi (2 000 ISK ; 30 min), et à 17h le dimanche (2 500 ISK ; 1 heure). La messe est célébrée le dimanche à 11h ; un office plus court se tient le mercredi à 8h.

## Statue de Leifur Eiríksson

Devant l'église trône la statue du Viking Leifur Eiríksson (photo à gauche), premier Européen à avoir foulé le sol américain. Offerte par les États-Unis à l'occasion du millénaire de l'Alþing en 1930, elle est l'œuvre d'Alexander Stirling Calder (1870-1945), père du sculpteur Alexander Calder (1898-1976).

### ★ À savoir

- Hallgrímskirkja se prononce "hateul-krims-keurk-ya".
- Des expositions temporaires sont parfois organisées dans le hall de l'église.
- Le calendrier des concerts et récitals d'orgue est disponible en ligne.

### Une petite pause ?

Traversez la rue pour rejoindre le **ROK** (plan p. 70, D5 ; ☎544 4443 ; www.rokrestaurant.is ; Frakkastígur 26a ; plats 1 390-2 990 ISK ; 11h30-23h), qui sert des spécialités islandaises sous forme de tapas.

Vous trouverez de nombreux restaurants en descendant Skólavörðustígur. Offrez-vous par exemple un repas léger au Kaffi Mokka (p. 78), le plus vieux café de Reykjavík.

## Promenade à pied

# Art et design reykjavikois

*L'art et le design tiennent une place de choix en Islande. Architecture moderniste, art contemporain, boutiques d'artisanat et d'objets design fonctionnels et audacieux... La ville est semée de créations locales. Cette promenade est une invitation à en découvrir les différents aspects, dans un secteur compact et populaire du centre-ville.*

**Départ** Musée d'Art de Reykjavík – Kjarvalsstaðir

**Arrivée** Harpa

**Distance** 3 km

**Durée** 2 heures

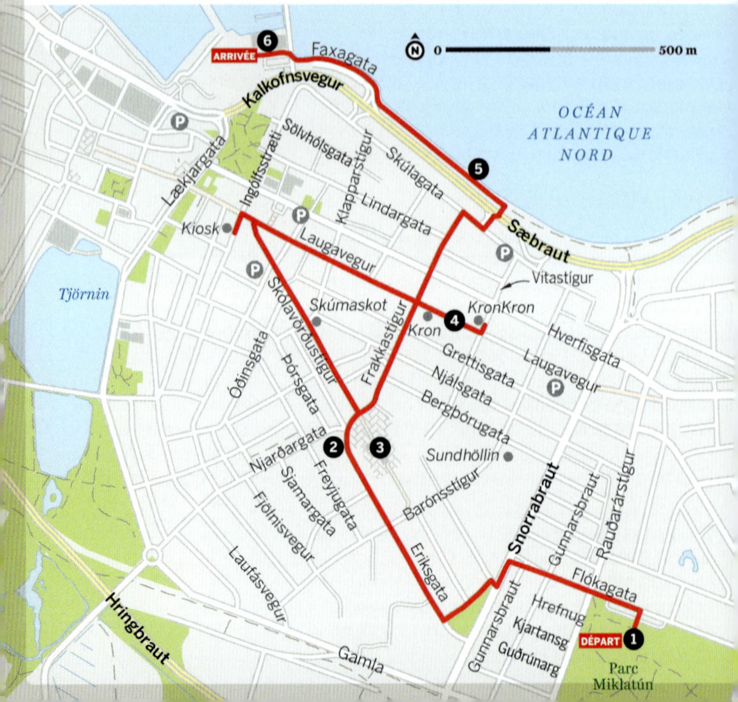

## ❶ Musée d'Art de Reykjavík – Kjarvalsstaðir

Le paisible Kjarvalsstaðir (p. 72), qui donne sur le parc Miklatún, doit son nom à Jóhannes Kjarval (1885-1972). Sa collection comprend de merveilleux paysages de ce grand peintre islandais, ainsi que des toiles de nombreux artistes majeurs de l'île du XXe siècle.

## ❷ Musée Einar Jónsson

Einar Jónsson (1874-1954), l'un des maîtres de la sculpture en Islande, est connu pour ses œuvres allégoriques. Le musée Einar Jónsson (p. 74) occupe son ancien atelier. Depuis les étages, on jouit d'une belle vue sur la ville. L'accès au **jardin de sculptures** (www.lej.is ; Freyjugata ; 24h/24) à l'arrière est gratuit.

## ❸ Hallgrímskirkja

Guðjón Samúelsson (1887-1950), sans doute le plus célèbre architecte islandais du XXe siècle, est à l'origine d'un style inspiré des paysages insulaires. Outre l'église Hallgrímskirkja (p. 64), qui est sans doute son chef-d'œuvre, la piscine géothermale de Sundhöllin (1937 ; p. 72), située non loin, offre un autre exemple de son art.

## ❹ Boutiques de créateurs

Les prolifiques artistes et designers islandais associent beauté et fonctionnalité. Il existe de nombreuses boutiques de créateurs dans le quartier. Dans Laugavegur, Kron (p. 80) et KronKron (p. 78) vendent des vêtements haut de gamme et de superbes chaussures originales. Dans Skólavörðustígur, Skúmaskot (p. 79) réunit toutes sortes d'articles faits main. Au n°6 d'Ingólfsstræti, Kiosk (p. 80) est une coopérative de stylistes.

### Une petite pause ?

Offrez-vous un délicieux repas bio chez Gló (p. 75). Au programme : une carte renouvelée chaque jour et un copieux bar, avec de savoureuses salades composées. Une joyeuse clientèle locale s'y presse au déjeuner. Juste à côté, de nombreux bars et cafés vous attendent également.

## ❺ Art

*Le Voyageur du Soleil* (*Sólfar* ; p. 73) est une sculpture de Jón Gunnar Árnason, évoquant l'ossature d'une coque de bateau. Elle est installée au bord de l'eau, avec des montagnes couronnées de neige en arrière-plan.

## ❻ Harpa

La salle de concert Harpa (p. 72), à la façade constituée d'hexagones étincelants, a été conçue par les cabinets d'architectes de Henning Larsen (danois) et Batteríið (islandais), avec l'artiste islando-danois Olafur Eliasson, et inaugurée en 2011. Faites un tour à l'intérieur, pour admirer la voûte de panneaux de verre et la vue sur le port.

## Promenade à pied

# Djammið : la nuit, mode d'emploi

*Reykjavík est réputée pour sa vie festive endiablée ; on parle à son sujet de* djammið, *qui signifie "sortir en ville". Les soirs de week-end (et parfois en semaine, surtout l'été), de nombreux cafés et bistrots se transforment en bars à bières bruyants. Au-delà de l'alcool coulant à flots, la vie nocturne de la capitale se distingue par l'incroyable énergie qui s'en dégage.*

**Départ** Kaldi
**Arrivée** Prikið
**Distance** 400 m

## ❶ Pour commencer

En guise d'échauffement, rendez-vous chez **Kaldi** (☎581 2200 ; www.kaldibar.is ; Laugavegur 20b ; 🕑12h-23h tlj), avec ses sièges dépareillés, et sa cour pour les fumeurs. Cet établissement propose des bières artisanales de son cru, introuvables ailleurs. Son piano est accessible à tous.

## ❷ Beautiful people

Une vieille maison, dont la porte est surmontée du logo du métro londonien, abrite le **Kaffibarinn** (☎551 1588 ; www.facebook.com/kaffibarinn ; Bergstaðastræti 1 ; 🕑15h-1h dim-jeu, jusqu'à 23h ven-sam ; 📶), un bar tendance, qui tient un rôle de choix dans le film *101 Reykjavík*, culte en Islande. Le week-end, il faut parfois être connu ou savoir jouer des coudes pour s'y faufiler.

## ❸ Pour se déchaîner

Si vous n'avez pas pu entrer au Kaffibarinn ou souhaitez continuer la fête ailleurs, cap sur le **Dillon** (☎537 9700 ; www.dillon.is ; Laugavegur 30 ; 🕑14h-1h lun-mer, 14h-3h jeu, 12h-3h ven, 12h-minuit sam, 12h-1h dim),un pub rock, avec un excellent *biergarten*. Des concerts bruyants y ont lieu sur une scène minuscule. Sueur garantie !

## ❹ Dans Laugavegur

Une fois dans l'ambiance du *djammið*, le moment est venu de flâner parmi la foule de Laugavegur. Veillez alors à ranger votre guide pour vous laisser porter par le mouvement. De nombreux pubs et bars ferment tard dans le centre.

## ❺ Place à la danse

Le **Kiki** (www.kiki.is ; Laugavegur 22 ; 🕑20h-1h jeu, jusqu'à 4h30 ven-sam) est un bar *queer*, et l'adresse incontournable pour danser. Si vous parvenez à vous glisser sous l'enseigne en forme de flamant rose et à dépasser les murs arc-en-ciel, vous découvrirez l'une des meilleures boîtes de Reykjavík.

## ❻ Et pour finir...

Au **Prikið** (☎551 2866 ; www.prikid.is ; Bankastræti 12 ; 🕑11h-23h tlj), l'un des plus vieux bars de Reykjavík, l'ambiance est à mi-chemin entre un snack-bar et un saloon. Mais on y danse bien souvent jusqu'au petit jour. Pour manger un morceau avant de rentrer, optez pour un burger ou le petit-déjeuner "anti-gueule de bois". Ou prenez une part de pizza toute fraîche chez **Deli** (www.deli.is ; Bankastræti 14), un peu plus haut dans la rue.

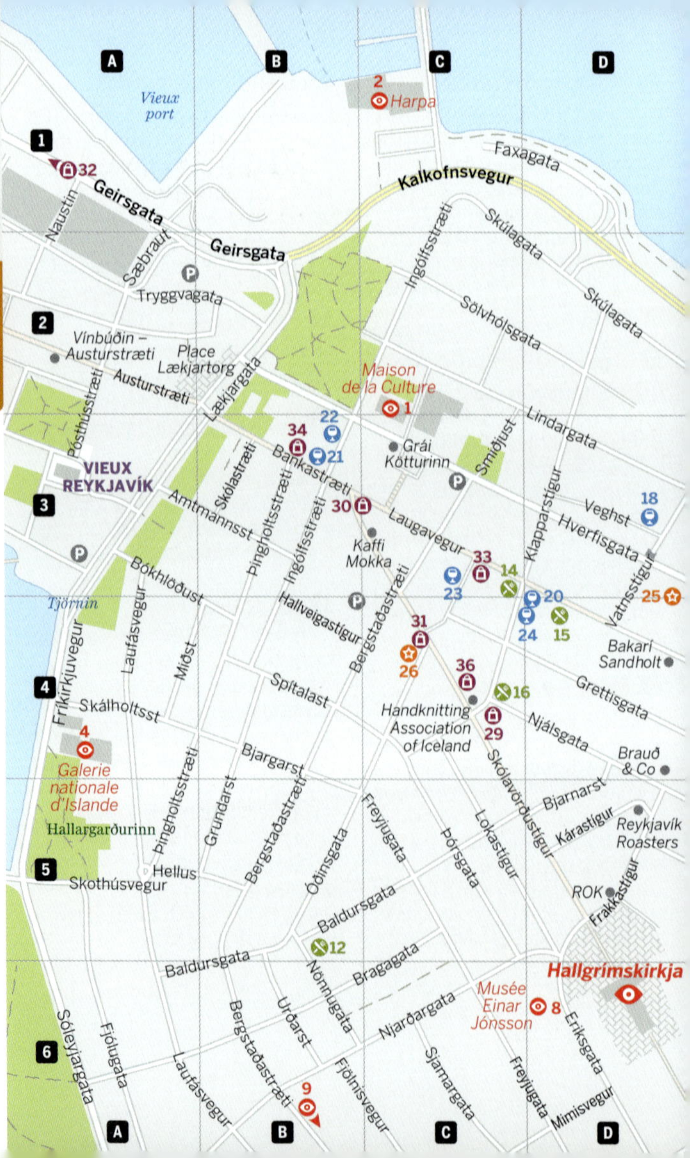
A
B
C
D
1
2
3
4
5
6
Vieux port
Harpa
Faxagata
Kalkofnsvegur
Geirsgata
Naustin
Sæbraut
Tryggvagata
Skúlagata
Ingólfsstræti
Sölvhólsgata
Vínbúðin – Austurstræti
Place Lækjartorg
Austurstræti
Lækjargata
Maison de la Culture
Pósthússtræti
Lindargata
Gráí Kötturinn
Smiðjust
VIEUX REYKJAVÍK
Skólastræti
Bankastræti
Amtmannsst
Þingholtsstræti
Veghst
Hverfisgata
Klapparstígur
Laugavegur
Kaffi Mokka
Bókhlöðust
Tjörnin
Laufásvegur
Hallveigastígur
Bergstaðastræti
Vatnsstígur
Bakarí Sandholt
Fríkirkjuvegur
Miðst
Spítalast
Grettisgata
Skálholtsst
Handknitting Association of Iceland
Njálsgata
Galerie nationale d'Islande
Bjargarst
Brauð & Co
Skólavörðustígur
Bjarnarst
Kárastígur
Reykjavík Roasters
Hallargarðurinn
Grundarst
Freyjugata
Þórsgata
Lokastígur
Óðinsgata
Hellus
Skothúsvegur
ROK
Frakkastígur
Baldursgata
Bragagata
Nönnugata
Hallgrímskirkja
Musée Einar Jónsson
Njarðargata
Eiríksgata
Sóleyjargata
Fjólugata
Urðarst
Fjölnisvegur
Sjafnargata
Mímisvegur
1
2
4
8
9
12
14
15
16
18
20
21
22
23
24
25
26
29
30
31
32
33
34
36

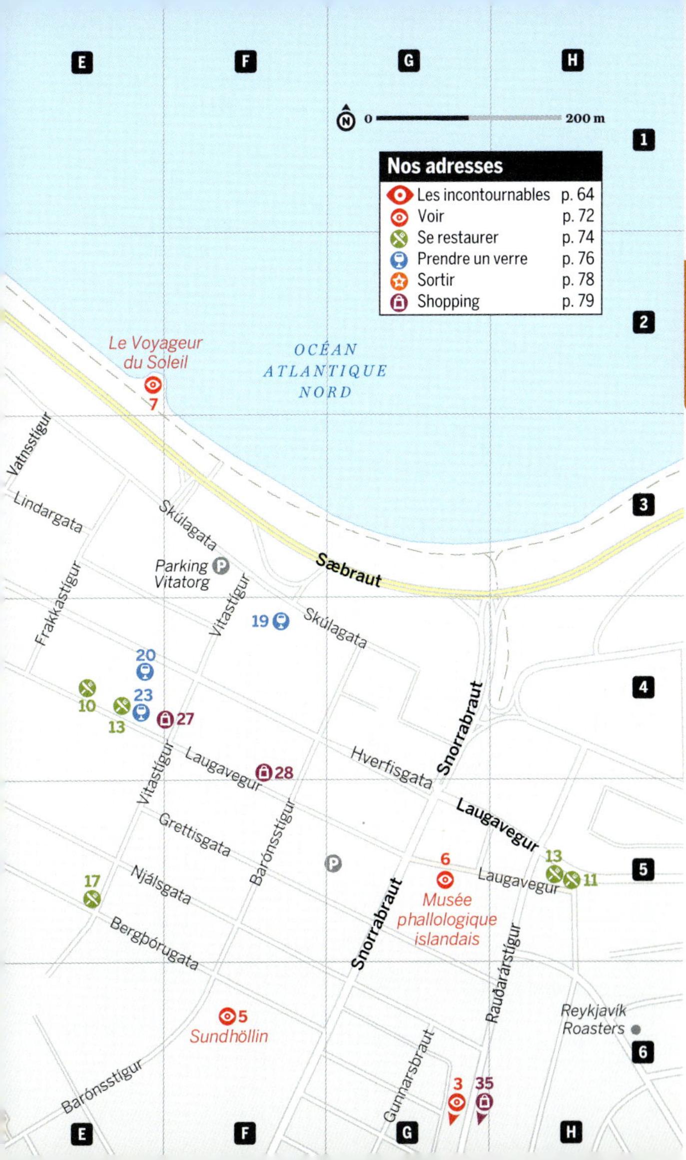
Nos adresses
Les incontournables p. 64
Voir p. 72
Se restaurer p. 74
Prendre un verre p. 76
Sortir p. 78
Shopping p. 79
0 200 m
E
F
G
H
1
2
3
4
5
6
OCÉAN ATLANTIQUE NORD
Le Voyageur du Soleil
7
Vatnsstígur
Lindargata
Skúlagata
Sæbraut
Parking Vitatorg
Frakkastígur
Vitastígur
19
Skúlagata
20
10
23
13
27
Laugavegur
28
Hverfisgata
Snorrabraut
Laugavegur
Grettisgata
Barónsstígur
Njálsgata
17
Bergþórugata
6
Musée phallologique islandais
Laugavegur
13
11
Snorrabraut
Rauðarárstígur
Reykjavík Roasters
5
Sundhöllin
Barónsstígur
Gunnarsbraut
3
35

# Voir

## Maison de la culture GALERIE

1 PLAN P. 70, C2

Ce lieu splendide est le fruit d'une collaboration entre le Musée national, la Galerie nationale et quatre autres institutions. Les collections couvrent l'histoire artistique et culturelle islandaise de la colonisation à nos jours. Les pièces, pour beaucoup inestimables, sont classées par thèmes. Parmi les trésors : des manuscrits du XIVe siècle, des œuvres d'art contemporain et le squelette d'un grand pingouin (désormais éteint). Visite guidée gratuite. (Þjóðmenningarhúsið ; ☎530 2210 ; www.listasafn.is ; Hverfisgata 15 ; tarif plein/enfant 2 000 ISK/gratuit, valable pour 4 musées, voir p. 74 ; 10h-17h tlj mai à sept)

## Harpa ÉDIFICE CULTUREL

2 PLAN P. 70, C1

À la fois salle de concert et centre culturel, l'Harpa, dont les facettes toujours changeantes se reflètent sur l'eau, est une merveille architecturale. Outre une programmation intéressante (certains spectacles sont gratuits), l'édifice mérite une halte pour son intérieur étincelant avec vue sur le port. La **visite guidée** (1 500 ISK ; 30 min ; jusqu'à 8/jour mi-juin à mi-août, 2-3/jour le reste de l'année) est vivement recommandée. (☎accueil 528 5050 ; www.harpa.is ; Austurbakki 2 ; 8h-0h, accueil lun-ven 12h-18h)

## Musée d'Art de Reykjavík – Kjarvalsstaðir GALERIE

3 PLAN P. 70, G6

Édifice anguleux de verre et de bois, le Kjarvalsstaðir, qui donne sur le **parc Miklatún**, doit son nom au peintre Jóhannes Kjarval (1885-1972). Ancien pêcheur, Kjarval étudia à l'Académie des Beaux-Arts de Copenhague grâce aux membres de son équipage, qui financèrent ses études. Ses paysages sont exposés à côté d'autres œuvres régulièrement renouvelées, pour l'essentiel des peintures islandaises du XXe siècle. (☎411 6420 ; www.artmuseum.is ; Flókagata 24, parc Miklatún ; adulte/enfant 1 880 ISK/gratuit ; 10h-17h)

## Galerie nationale d'Islande MUSÉE

4 PLAN P. 70, A4

Un bel ensemble de salles et de galeries donnant sur le lac Tjörnin accueille des expositions puisant dans un fonds riche de 10 000 pièces. Admirez les œuvres de peintres des XIXe et XXe siècles (dont Jóhannes Kjarval et Nína Sæmundsson) et les sculptures de Sigurjón Ólafsson. (Listasafn Íslands ; ☎515 9600 ; www.listasafn.is ; Fríkirkjuvegur 7 ; tarif plein/enfant 2 000 ISK/gratuit, valable pour 4 musées, voir p. 74 ; 10h-17h tlj mai à fin sept, fermé lun oct à fin avr)

## Sundhöllin PISCINE GÉOTHERMALE

5 PLAN P. 70, F6

Coup de cœur pour la plus ancienne piscine de Reykjavík,

construite en 1937 et rouverte en 2017 après travaux. Elle possède désormais un grand espace extérieur avec *hot tubs*, sauna et bassin. La piscine intérieure d'origine a été conservée, tout comme le *hot tub* secret à l'étage (belle vue sur Reykjavík). (Sundhöll Reykjavíkur ; 411 5350 ; www.reykjavik.is/stadir/sundholl-reykjavikur ; Barónsstígur 16 ; tarif plein/enfant 1 060/165 ISK ; 6h30-22h lun-ven, à partir de 8h sam-dim ; )

## Musée phallologique islandais MUSÉE

6 PLAN P. 70, G5

Ce musée, unique en son genre et fort bien conçu, abrite une immense collection de pénis. Dans le formol ou pétrifiés, 286 attributs sont exposés, représentant tous les mammifères islandais. On voit notamment les organes génitaux d'un cachalot et d'un ours polaire ; ceux, minuscules, d'une souris ; et des moulages en argent de ceux des membres de l'équipe nationale de handball. Le seul spécimen humain est celui de l'alpiniste Páll Arason. (Hið Íslenzka Reðasafn ; 561 6663 ; www.phallus.is ; Kalkofnsvegur 2 ; adulte/enfant 2 500 ISK/gratuit ; 10h-19h)

## Le Voyageur du Soleil SCULPTURE

7 PLAN P. 70, E2

Reykjavík est peuplée de sculptures. Plus que tout autre, *Sólfar* (*Le Voyageur du Soleil*), de Jón Gunnar Árnason, frappe l'imagination. Installée au bord

L'Harpa

**Billets combinés**

- Le billet du musée d'Art de Reykjavík est valable pour l'ensemble de ses 3 sites.
- Il existe un billet combiné valable à la Galerie nationale (p. 72), à la Maison de la culture (p. 72), à la collection Ásgrímur Jónsson (ci-contre) et au musée Sigurjón Ólafsson (p. 83) : tarif plein/enfant 2 000 ISK/gratuit.

de l'océan, où elle se détache sur fond de lointaines montagnes enneigées, cette œuvre évoque la silhouette d'un bateau viking. (Sæbraut)

### Musée Einar Jónsson MUSÉE D'ART

8 PLAN P. 70, D6

Einar Jónsson (1874-1954), l'un des grands sculpteurs islandais, est célèbre pour ses allégories de l'Espérance, de la Terre et de la Mort, ciselées dans le basalte, versant des larmes sur des femmes nues et des dragons terrassés. Il conçut lui-même ce bâtiment, bâti entre 1916 et 1923, qui abrite son logement austère et son atelier, au dernier étage. Voir aussi p. 67. (551 3797 ; www.lej.is ; Eriksgata 3 ; adulte/enfant 1 500 ISK/gratuit ; 10h-17h mar-dim)

### Collection Ásgrímur Jónsson MUSÉE

9 PLAN P. 70, B6

Ásgrímur Jónsson (1876-1958), fils de fermier, fut le premier peintre islandais à vivre de son métier. Il résidait et travaillait ici. On peut visiter son atelier, où sont exposées ses œuvres inspirées par les fables et la nature islandaises. (515 9600 ; www.listasafn.is ; Bergstaðastræti 74 ; tarif plein/enfant 1 000 ISK/gratuit ou billet combiné, voir l'encadré ci-contre ; 13h-17h tlj mai-fin sept, fermé lun oct-fin avr)

## Se restaurer

### Dill ISLANDAIS €€€

10 PLAN P. 70, B3

Cet élégant bistrot étoilé au Michelin se distingue par sa nouvelle cuisine nordique, aux recettes complexes, élaborées à partir d'un nombre d'ingrédients restreint et présentées dans un véritable défilé de plats. La cuisine islandaise est ici portée à des sommets vertigineux. Réservez tôt. (552 1522 ; www.dillrestaurant.is ; Laugavegur 59 ; 5/7 plats 11 900/13 900 ISK ; 18h-22h mer-sam)

### SKÁL! CUISINE DE RUE €

11 PLAN P. 70, H5

Le SKÁL! appelle toute votre attention... Pas tant par son lettrage majuscule, mais par sa cuisine. On y expérimente des mariages de parfums inhabituels (ail fermenté, sucre de bouleau, sel au thym arctique) et d'ingrédients islandais pour un résultat étonnant. Prenez de préférence un tabouret au bar, surmonté de néons. Créations vegan ; cocktails aux herbes sauvages. (519 6515 ;

www.skalrvk.com ; Hlemmur Mathöll, Laugavegur 107 ; plats 1 650-2 850 ISK ; 11h30-23h mar-sam ; )

## Þrír Frakkar PRODUITS DE LA MER €€€

12 PLAN P. 70, B5

Le chef de ce restaurant douillet, Úlfar Eysteinsson, travaille avec subtilité des plats de poisson, surtout la morue, la lotte et le *plokkfiskur* (ragoût de poisson), servis avec du pain noir. Plats de guillemot, cheval, agneau et baleine également. ( 552 3939 ; www.3frakkar.is ; Baldursgata 14 ; plats 3 150-5 190 ISK ; 11h30-14h30 et 18h-22h lun-ven, 18h-22h30 sam-dim)

## Hlemmur Mathöll FOOD COURT €

13 PLAN P. 70, H5

Si toutes les gares routières avaient un *food court* comme celui-ci ! Une dizaine de stands proposent ici des plats variés : *smørrebrød* (pain de seigle) danois, tacos mexicains, cuisine de rue vietnamienne... La palme revient au SKÁL! (p. 74). Presque tout est ouvert à l'heure du déjeuner. (www.hlemmurmatholl.is ; Laugavegur 107 ; plats à partir de 800 ISK ; 8h-22h)

## Gló BIO, VÉGÉTARIEN €€

14 PLAN P. 70, C3

Joignez-vous à la clientèle bobo de ce spacieux restaurant en étage, pour déguster des plats du jour relevés d'épices et d'aromates asiatiques (pas exclusivement végétariens). C'est un paradis pour les crudivores et ceux qui mangent bio, avec notamment un grand buffet de salades. ( 553 1111 ; www.glo.is ; Laugavegur 20b ; plats 1 090-2 490 ISK ; 11h-20h lun-ven, 11h-16h sam ; )

## Public House FUSION, TAPAS €€

15 PLAN P. 70, D4

Les succulentes tapas d'inspiration asiatique et les bières pression locales ne sont pas les seuls atouts de ce *gastropub*. C'est aussi un lieu sympathique où il est agréable de s'attarder sur fond de

### Les as de la boulangerie

À vous de choisir parmi les meilleures boulangeries de Reykjavík. Très apprécié, **Bakarí Sandholt** (plan p. 70, D4 ; 551 3524 ; www.sandholt.is ; Laugavegur 36 ; en-cas 690-2 590 ISK ; 7h30-18h ; ) propose un assortiment de baguettes, croissants, pâtisseries et sandwichs frais ; la soupe du jour y est accompagnée d'un délicieux pain au levain. Autre enseigne en vue : **Brauð & Co** (plan p. 70, D4 ; www.braudogco.is ; Frakkastígur 16 ; 6h-17h lun-ven, 7h-17h sam-dim), où des *hipsters* vikings préparent pains et pâtisseries devant les clients faisant la queue.

### Un brunch avec Björk ?

Il est facile de manquer **Grái Kötturinn** (plan p. 70, C3 ; ☎551 1544 ; www.graikotturinn.is ; Hverfisgata 16a ; plats 1 300-3 000 ISK ; ⌚9h-14h lun-ven), un minuscule café de 6 tables (que Björk affectionne). Entre librairie excentrique et galerie d'art, il sert des toasts, des bagels, des pancakes et des œufs au bacon sur du pain frais beurré.

musique pop. Deux *happy hours* (15h-18h et 23h-1h). (☎555 7333 ; www.publichouse.is ; Laugavegur 24 ; petites assiettes 1 290-2 490 ISK ; ⌚16h-1h lun-mar, 12h-1h mer-dim)

### Joylato

GLACIER €

16 PLAN P. 70, C4

Glaces et sorbets maison haut de gamme aux délicieux parfums, comme la fraise islandaise. (www.joylato.is ; Njálsgata 1 ; à partir de 650 ISK/boule ; ⌚12h-22h)

### Vitabar

HAMBURGERS €

17 PLAN P. 70, E5

Ce bar au cadre simple (carrelage et formica) sert des burgers grillés à la minute avec de savoureuses frites maison. Rock en fond sonore ; une clientèle locale vient siroter des pintes d'Einstök et de Viking. (Bergþórugata 21 ; plats 900-3 400 ISK ; ⌚11h30-23h lun-sam, 12h-minuit dim)

## Prendre un verre

### Mikkeller & Friends

BIÈRE

Un pub danois spécialisé dans les bières artisanales, avec 20 tireuses. Ambiance agréable et détendue. (☎437 0203 ; www.mikkeller.dk ; Hverfisgata 12 ; ⌚17h-1h dim-jeu, 16h-1h ven-sam ; wifi)

### Port 9

BAR À VINS

18 PLAN P. 70, D3

Le Port 9, qui attire une clientèle bohème, affiche clairement sa confiance dans ses vins et dans les connaissances de son personnel. Le choix va d'abordables vins au verre au millésime qui vous fera casser votre tirelire. Éclairage tamisé, ambiance secrète... Une adresse qui mérite d'être dénichée, dans une rue minuscule. (☎832 2929 ; www.port9.is ; Veghúsastígur 7 ; ⌚16h-21h mar-mer, jusqu'à 23h jeu-sam)

### KEX Bar

BAR

19 PLAN P. 70, F4

Installé dans une ancienne biscuiterie (*kex* signifie "biscuit"), ce bar-restaurant d'auberge de jeunesse, doté de grandes fenêtres face à l'océan et d'une cour intérieure, sert une bière maison et attire les *hipsters* locaux. Le décor évoque le Las Vegas des années 1920, avec portes de saloon, salon de barbier à l'ancienne et parquet vieilli. Soirées jazz gratuites régulières. (Sæmundur í Sparifötunum ; www.kexhostel.is ; Skúlagata 28 ; 24h/24 ; )

## Bravó

BAR

20 PLAN P. 70, D4

Outre un (très) long *happy hour* (11h-20h, bière locale en fût 800 ISK), le Bravó a bien d'autres arguments – morceaux agréables sur la sono, ambiance décontractée… Clientèle haute en couleur et serveurs sympathiques. (Laugavegur 22 ; 11h-1h lun-jeu, jusqu'à 3h ven-sam ; )

## Loft Hostel Bar

BAR

21 PLAN P. 70, B3

Par beau temps, les habitants se pressent sur la terrasse de ce bar animé, sur le toit de l'auberge de jeunesse du même nom. Très fréquenté pendant l'*happy hour* (16h-19h). (www.lofthostel.is ; Bankastræti 7 ; 8h-23h)

## Petersen Svítan

BAR LOUNGE

22 PLAN P. 70, B3

Ce beau bar lounge perché sur le toit d'un vieux théâtre restauré séduit par sa vaste terrasse en bois, ses canapés en rotin, sa vue dégagée… C'est une excellente adresse pour profiter du soleil. (Gamla Bíó ; 563 4000 ; www.gamlabio.is ; Ingólfsstræti 2a ; 14h-minuit tlj)

## Bastard

BIÈRE ARTISANALE

23 PLAN P. 70, C3

Le Bastard sert deux bières issues de sa microbrasserie, plus une douzaine d'autres à la pression.

Le Bastard

### Les cafés reykjavikois

À Reykjavík, les cafés sont innombrables. Les torréfacteurs de **Reykjavík Roasters** (plan p. 70, D5 ; 517 5535 ; www.reykjavikroasters.is ; Kárastígur 1 ; 8h30-17h lun-ven, 9h-17h sam, 10h-17h dim) prennent leur métier très au sérieux, ce qui leur vaut d'être n°1 auprès des amateurs de café locaux. Ils ont également ouvert une **boutique** (plan p. 70, H6 ; 552 3200 ; Brautarholt 2 ; 8h30-17h lun-ven, 9h-17h sam, 10h-17h dim ; ) ensoleillée dans le quartier de Hlemmur. Le plus vieux café de la capitale, le **Kaffi Mokka** (plan p. 70, C3 ; 552 1174 ; mokka.is ; Skólavörðustígur 3a ; 9h-18h tlj), n'a guère changé depuis les années 1950 – piliers décorés de mosaïque et lustres en cuivre d'origine ; gaufres, sandwichs et boissons.

Musique enjouée et ambiance électrique dans cette adresse chic. *Happy hour* de 16h à 19h. (558 0800 ; www.bastard.is ; Vegamótastígur 4 ; 11h30-1h dim-jeu, jusqu'à 4h ven-sam)

### Veður

BAR

24 PLAN P. 70, D4

Un endroit cosy et charmant, avec un bar joliment éclairé, des cocktails très appréciés et un *happy hour* prolongé (12h-19h30). (www.vedurbarinn.is ; Klapparstígur 33 ; 12h-1h dim-jeu, jusqu'à 3h ven-sam)

## Sortir

### Bíó Paradís

CINÉMA

25 PLAN P. 70, D3

Cette sympathique salle de cinéma décorée d'affiches de films et de mobilier vintage propose une programmation de films islandais et étrangers (sous-titrés en anglais) difficiles à trouver ailleurs. (412 7711 ; www.bioparadis.is ; Hverfisgata 54 ; adulte 1 690-1 890 ISK ; )

### Mengi

SPECTACLES

26 PLAN P. 70, C4

Un petit lieu offrant une programmation marquée par la créativité – musique, arts visuels et de la scène... (588 3644 ; www.mengi.net ; Óðinsgata 2 ; 12h-23h mar-sam et pour les spectacles)

## Shopping

### KronKron

MODE

27 PLAN P. 70, F4

L'adresse haute couture de Reykjavík, avec des créations de Marc Jacobs et Vivienne Westwood, et d'excellents stylistes scandinaves (dont Kron by KronKron) proposant des robes en soie, des capes en maille, des écharpes et même des sous-vêtements en laine. Les superbes chaussures faites main sont aussi en vente chez Kron (ci-après). (☎562 8388 ; www.kronkron.com ; Laugavegur 63b ; 🕙10h-18h lun-jeu, jusqu'à 18h30 ven, 10h-17h sam)

### Kron

CHAUSSURES

28 🔒 PLAN P. 70, E4

Belles chaussures artisanales, originales, aux couleurs vives et aux matériaux agréables… Le style Kron est tout ce que l'on attend d'une marque islandaise, y compris pour l'aspect pratique. (☎551 8388 ; kron.is ; Laugavegur 80 ; 🕙10h-18h lun-ven, jusqu'à 17h sam)

### Skúmaskot

ARTISANAT

29 🔒 PLAN P. 70, C4

Des articles en porcelaine, vêtements pour femmes et enfants, tableaux et cartes postales de créateurs locaux, exposés dans une vaste galerie rénovée qui les met magnifiquement en valeur. (☎663 1013 ; /www.skumaskoticeland.com ; Skólavörðustígur 21a ; 🕙10h-18h lun-ven, jusqu'à 17h sam)

### Fóa

ARTISANAT

30 🔒 PLAN P. 70, C3

Pour faire le plein de souvenirs amusants, d'articles de papeterie, de bijoux et de céramiques artisanaux et séduisants. (☎571 1433 ; www.facebook.com/foaiceland ;

Le Kaffi Mokka

Laugavegur 2 ; 10h-18h lun-ven, à partir de 11h sam, 13h-17h dim)

### Rammagerðin

SOUVENIRS

31 PLAN P. 70, C4

Une excellente boutique de souvenirs, avec de nombreux articles en laine, objets artisanaux et pièces de collection. Autres adresses à Skólavörðustígur 20, à Bankastræti 9 et à l'aéroport international de Keflavík. (Iceland Gift Store ; 535 6689 ; www.icelandgiftstore.com ; Skólavörðustígur 12 ; 10h-21h)

### Kiosk

VÊTEMENTS

32 PLAN P. 70, B3

Cette formidable coopérative de stylistes propose des vêtements pour femmes originaux – les créateurs(trices) la tiennent tour à tour. (787 8057 ; www.kioskreykjavik.com ; Grandagarður 35 ; 11h-18h lun-ven, jusqu'à 16h sam)

### Pulls et tricots

La **Handknitting Association of Iceland** (Handprjónasamband Íslands ; plan p. 70, C4 ; 552 1890 ; www.handknit.is ; Skólavörðustígur 19 ; 10h-18h lun-ven, 10h-17h sam, 11h-16h dim) vend des chapeaux, des chaussettes et des pulls en tricot traditionnels, ainsi que de la laine, des aiguilles à tricoter et des patrons.

Dans le vieux quartier de Reykjavík, la Nordic Store (p. 49) vend des *lopapeysur* (pulls islandais), faits main ou non, et d'autres articles en laine.

### Mál og Menning

LIVRES

33 PLAN P. 70, C3

Une bonne librairie indépendante, avec un beau choix d'ouvrages, ainsi que des CD, jeux et journaux. Agréable café sur place (soupe et pain 1 000 ISK). (580 5000 ;Laugavegur 18 ; 9h-22h lun-ven, à partir de 10h sam-dim ; )

### 66° North

VÊTEMENTS

34 PLAN P. 70, B3

La célèbre marque islandaise a débuté son activité en habillant les pêcheurs de l'Arctique. Aujourd'hui, l'enseigne propose des vêtements de *streetwear* tendance et onéreux : vestes, polaires, bonnets et gants. Les sympathiques employés vous conseilleront. Autre magasin dans le centre – Laugavegur 17. (535 6680 ; www.66north.is ; Bankastræti 5 ; 10h-18h)

### Dogma

VÊTEMENTS

35 PLAN P. 70, D4

Chez ce spécialiste du T-shirt décalé, vous dénicherez des créations locales originales tendance cartoon. Également : magnets et sous-bocks se moquant de l'industrie du tourisme, et gadgets variés.

Autre boutique dans le centre commercial Kringlan. (Reykjavík T-Shirts ; 571 4588 ; www.dogma.is ; Kringlan ; 10h-18h30 lun-ven, 11h-18h sam, 12h-17h dim)

### Orrifinn

BIJOUX

36 PLAN P. 70, C4

Ces bijoux délicats sont inspirés des merveilles naturelles de l'Islande et de son passé viking. Ancres fines, haches et plumes de stylo se balancent sur des chaînes mates et discrètes. (789 7616 ; www.orrifinn.com ; Skólavörðustígur 17a ; 10h-18h lun-ven, 11h-16h sam)

### Shopping à l'islandaise

- Laugavegur est la principale rue commerçante de la ville. On trouve partout des boutiques intéressantes. Pour la mode, rendez-vous au bout de Laugavegur, côté Frakkastígur et Vitastígur.
- Skólavörðustígur réunit des boutiques de bijoux et d'artisanat. Bankastræti et Austurstræti ne manquent pas de magasins pour touristes.
- Sous certaines conditions, tous les visiteurs peuvent prétendre à 15% de détaxe (voir p. 148).

## Vaut le détour

# Laugardalur

*Le parc de Laugardalur, à 4 km à l'est du centre, constituait jadis la principale source d'alimentation en eau chaude de Reykjavík. Laugardalur signifie "vallée des Sources chaudes" et l'on voit encore des vestiges de l'ancien lavoir. De nos jours, les Reykjavikois apprécient la piscine géothermale, le spa, le café, la patinoire, les jardins botaniques, les stades et le zoo/parc de loisirs. Sans oublier les musées et le marché de producteurs à proximité.*

## Comment y aller

Les bus n°s 2, 5, 14, 15 et 17 passent à 200 m du parc de Laugardalur ; le n°14 est le plus proche de la piscine. Le n°16 dessert le front de mer et le musée Sigurjón Ólafsson.

## ❶ Art islandais

Les sculptures espiègles d'Ásmundur Sveinsson sont exposées dans l'édifice coiffé d'un dôme à l'excellente acoustique de l'**Ásmundarsafn** (musée Ásmundur Sveinsson ; 411 6430 ; www.artmuseum.is ; Sigtún ; tarif plein/enfant 1 880 ISK/gratuit ; 10h-17h mai-sept, 13h-17h oct-avr), qui fait partie du musée d'Art de Reykjavík. Des créations monumentales en béton sont disséminées dans le jardin. L'intérieur abrite des œuvres en bois, argile et métal.

## ❷ Sources chaudes

Les eaux chaudes de Reykjavík sont au cœur de la vie sociale. Le vaste complexe de **Laugardalslaug** (411 5100 ; www.reykjavik.is/stadir/laugardalslaug ; Sundlaugavegur 30a ; tarif plein/enfant 1 600/165 ISK, location maillot/serviette 940/640 ISK ; 6h30-22h lun-ven, 8h-22h sam-dim ; ) possède les meilleurs équipements : bassins olympiques, *hot pots*, bain d'eau de mer, bain de vapeur et toboggan en spirale de 86 m.

## ❸ Après l'effort

Le **Laugar Spa** (553 0000 ; www.laugarspa.com ; Sundlaugavegur 30a ; forfait journée 6 200 ISK ; 6h-23h lun-ven, 8h-21h30 sam-dim) compte 6 saunas et bains de vapeur, un bassin d'eau de mer, une salle de sport et un café. Soins beauté, massages et cours de fitness. Réservé aux plus de 18 ans. Donne également accès au Laugardalslaug.

## ❹ Jardins gourmands

Les **jardins botaniques** (Grasagarður ; 411 8650 ; www.grasagardur.is ; gratuit ; 10h-22h mai-sept, 10h-15h oct-avr), peuplés d'oiseaux, recèlent plus de 5 000 variétés de plantes subarctiques. Le **Café Flóra** (Flóran ; 553 8872 ; www.floran.is ; gâteaux à partir de 950 ISK, plats 1 900-4 800 ISK ; 10h-21h ; ) ouvre en été.

## ❺ S'amuser en famille

Au **zoo et parc familial** (Fjölskyldu og Húsdýragarðurinn ; 411 5900 ; www.mu.is ; tarif plein/enfant 940/720 ISK, 1/10 tours de manège 330/2 520 ISK ; 10h-18h juin à mi-août, 10h-17h mi-août à mai), point de lion, mais des phoques, des renards et des animaux de la ferme. Circuit de course miniature, mini-bulldozers, trampoline, bateaux et manèges.

## ❻ Acheter local

Le marché de petits producteurs **Frú Lauga** (534 7165 ; www.frulauga.is ; Laugalækur 6 ; 11h-18h lun-ven, 11h-16h sam) s'approvisionne dans tout le pays : desserts au *skyr* de la ferme Erpsstaðir, légumes bio, viande, chocolats, vins...

## ❼ Sculptures

Le **musée Sigurjón Ólafsson** (Listasafn Sigurjóns Ólafssonar ; 553 2906 ; www.lso.is ; Laugarnestanga 70 ; tarif plein/enfant 1 000 ISK/gratuit ; 13h-17h tlj mai-sept, 13h-17h sam-dim mi-oct à fin avr), dans l'ancien atelier de l'artiste, présente ses bustes et totems en bois flotté.

Vaut le détour

# Viðey

*Par beau temps, la petite île inhabitée de Viðey constitue une agréable excursion. À 1 km au nord du port de Skarfabakki (Reykjavík), elle semble appartenir à un autre monde. Des circuits culturels sont proposés en été. Un village abandonné, des œuvres d'art contemporain et d'excellentes possibilités d'observation des oiseaux ajoutent au charme du lieu. Fin août, des Reykjavikois viennent y cueillir du carvi sauvage.*

## Comment y aller

Des ferries partent de Skarfabakki toute l'année (le week-end en hiver), et d'Harpa et du vieux port en été.

Le bus n°16 s'arrête à Skarfabakki, sur l'itinéraire touristique City Sightseeing.

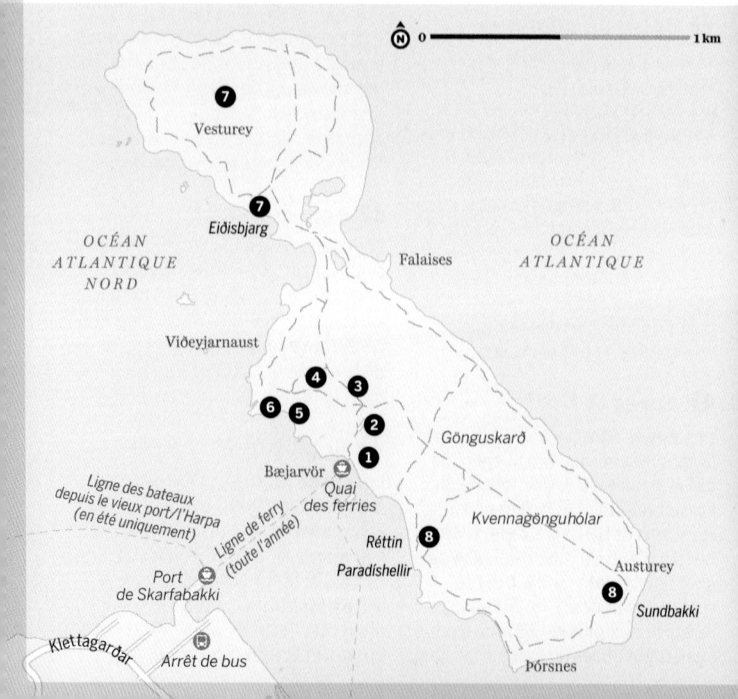

### ❶ Viðeyarstofa et église

La plus ancienne maison en pierre d'Islande se dresse en surplomb du port. Skúli Magnússon, le premier bailli islandais, la fit construire dans les années 1750. Elle abrite aujourd'hui un **café** (plats 2 450-3 900 ISK ; 🕑11h30-17h mi-mai à sept, 13h30-16h sam-dim oct à mi-mai ; 📶) servant des burgers et des gaufres. À côté, visitez l'église en bois du XVIIIe siècle où repose Magnússon.

### ❷ Histoire locale

Viðey fut colonisée vers l'an 900, et cultivée jusqu'aux années 1950. À partir de 1225, l'île accueillit un puissant **monastère** que des soldats danois anéantirent en 1539, pendant la Réforme. Des vestiges subsistent derrière la Viðeyarstofa.

### ❸ Découvrir l'île

L'île est sillonnée de **sentiers**. Certains se parcourent à vélo ; d'autres sont trop périlleux. Vous pourrez vous procurer une carte au port. L'île est aussi un paradis pour les passionnés d'**oiseaux** (30 espèces s'y reproduisent) et de **botanique** (on trouve plus d'un tiers de toutes les plantes d'Islande).

### ❹ À vélo

En été, vous pourrez louer un vélo sur le vieux port chez **Reykjavík Bike Tours** (☎694 8956 ; www.icelandbike.com ; Ægisgarður 7 ; 4 heures 3 500 ISK ; 🕑8h-22h juin-août, horaires réduits sept-mai) et l'emporter sur le ferry.

### ❺ Installations artistiques

Au nord-ouest, le long de la côte, l'**Imagine Peace Tower** (2007), une œuvre de Yoko Ono, projette un faisceau lumineux dans le ciel chaque soir entre le 9 octobre (anniversaire de John Lennon) et le 8 décembre (date de sa mort). Les visites organisées de la tour sont annoncées sur le site Web de Viðey (www.videy.com).

### ❻ Barbecue

Les visiteurs bien informés ne viennent jamais sans provisions afin de profiter du barbecue public du **cabanon Viðeyjarnaust**, doté d'une façade partiellement vitrée, sur un superbe promontoire.

### ❼ Vers le nord

Les sentiers en direction du nord-ouest mènent à **Vesturey**, à la pointe nord de l'île. Vous découvrirez en chemin des étangs, des monuments aux naufragés et les falaises basses d'**Eiðisbjarg**. Cette partie de Viðey est émaillée des gigantesques sculptures en basalte qui forment l'œuvre intitulée **Áfangar** (*Standing Stones* ; 1990), de l'Américain Richard Serra.

### ❽ Dans le Sud

Les sentiers en direction du sud-est conduisent au **Réttin** (parc à moutons), à la minuscule **Paradíshellir** (grotte du Paradis), puis au village de pêcheurs abandonné de **Sundbakki**.

Les incontournables

# Blue Lagoon

*Dans un magnifique champ de lave noire, à 47 km au sud-ouest de Reykjavík, ces bains à l'eau d'un bleu laiteux sont chauffés à la température idéale de 38°C par la centrale géothermique de Svartsengi. Ceux qui les trouvent trop touristiques n'ont pas tort... Mais l'expérience est étonnante. Entre les cheminées argentées, les nuages de vapeur et la présence des baigneurs enduits de boue de silice, on se croirait sur une autre planète.*

Bláa Lónið

420 8800

www.bluelagoon.com

Nordurljosavegur 9

Tarif plein/enfant à partir de 6 990 ISK/gratuit, entrée premium à partir de 8 990 ISK/gratuit

## Baignade

L'eau du lagon (70% d'eau de mer, 30% d'eau douce) est riche en algues bleu-vert, en sels minéraux et en boue de silice, qui adoucissent et exfolient la peau. On en ressort avec une peau de bébé...

## Station thermale

Le Blue Lagoon est un immense ensemble avec des restaurants, une terrasse panoramique sur le toit et une boutique de souvenirs. Il comprend des *hot pots*, des bains de vapeur, des saunas, un bar et une chute d'eau très chaude, pour un massage hydraulique bien musclé. Un secteur VIP inclut un espace intérieur réservé, un salon et une terrasse.

## Massages

Pour une détente ultime, laissez-vous flotter sur un matelas et offrez-vous un massage thérapeutique (30/60 min 10 000/16 000 ISK). Pensez à réserver les soins.

## Heures d'ouverture

Le Blue Lagoon est ouvert de 8h et 21h en janvier, de mars à mai et de fin novembre à fin décembre ; de 8h à 22h de février à début mars et de mi-août à fin novembre ; de 7h à 23h de fin mai à fin juin ; et de 7h à minuit de fin juin à mi-août.

## Séjour prolongé

L'ultraluxueux **Retreat Hotel** (☎420 8800 ; www.bluelagoon.com/accommodation/retreat-hotel ; Norðurljósavegur 9 ; ch à partir de 140 600 ISK ; P ❄ ᯤ ≋), doté de fenêtres allant du sol au plafond, domine les eaux. Le **Blue Lagoon – Silica Hotel** (☎420 8800 ; www.bluelagoon.com/accommodation/silica-hotel ; Norðurljósavegur 7 ; dort avec petit-déj à partir de 54 000 ISK ; P @ ᯤ ≋) et le **Northern Light Inn** (☎426 8650 ; www.northernlightinn.is ; dort avec petit-déj à partir de 28 000 ISK ; P @ ᯤ) sont aussi à proximité.

### ★ À savoir

- Réservez sous peine d'être refoulé.
- Vous pourrez opter pour un e-billet (sur le site Web) ou vous adresser à une agence de voyages.
- Si vous participez à un circuit organisé, vérifiez si le billet pour le lagon est prévu.
- Évitez le créneau 10h-14h. Venez tôt ou après 19h.
- Pour vous arrêter sur la route de l'aéroport (550 ISK/bagage/jour), faites enregistrer vos bagages à la consigne.
- Il est d'usage de se doucher (sans maillot) avant la baignade.

### Comment y aller

- Des bus de Reykjavík Excursions (www.re.is) partent fréquemment de Reykjavík et de l'aéroport.

### Une petite pause ?

En-cas façon cafétéria au **Blue Café** (en-cas 850 ISK, sandwichs 1 200 ISK ; ᯤ) ou plats islandais haut de gamme au **LAVA Restaurant** (plats déj/dîner 5 900/5 900 ISK ; ᯤ).

Vaut le détour

# Péninsule de Reykjanes

*La péninsule de Reykjanes (www.visitreykjanes.is) ne se résume pas au Blue Lagoon. Les jolis villages de pêcheurs de Garður et Sandgerði ne sont qu'à quelques minutes de l'aéroport ; le reste de la péninsule, de la sublime Reykjanestá à la réserve naturelle de Reykjanesfólkvangur, dévoile un paysage sauvage de cratères volcaniques, de lacs minéraux, de sources chaudes bouillonnantes, de montagnes déchiquetées et de champs de lave.*

## Comment y aller

À privilégier.

Depuis Keflavík, la ligne n°89 de Strætó (www.bus.is) dessert Garður et Sandgerði, le bus n°55/1 va à Reykjavík et le n°88 circule jusqu'à Grindavík.

## ❶ Garður

Après Garður, le beau **cap de Garðskagi**, battu par les vents, est un endroit privilégié pour observer les oiseaux, voire des phoques et des baleines. Deux phares ajoutent au décor. Un petit musée des Traditions populaires est situé à proximité.

## ❷ Jean-Baptiste Charcot

À Sandgerði, le **Sudurnes Science and Learning Center** (☎423 7555 ; www.thekkingarsetur.is ; Garðskagavegur ; tarif plein/6-15 ans/-6 ans 600/300 ISK/gratuit ; ⏲10h-16h lun-ven, 13h-17h sam-dim mai à août, sur rdv sept-avr) présente une exposition en français sur l'explorateur Jean-Baptiste Charcot (1867-1936), dont le *Pourquoi-Pas ?* se brisa près d'ici en 1936.

## ❸ Des oiseaux et des vers

Au sud de Sandgerði, la côte recèle de belles **plages** et les marais sont fréquentés par plus de 190 espèces d'oiseaux. L'église isolée de **Hvalsnes** est évoquée par Hallgrímur Pétursson (1616-1674) dans un poème écrit à la mort de sa fille, enterrée ici.

## ❹ D'un continent à l'autre

Le **Pont entre deux continents** (18 m) enjambe une crevasse et relie les plaques tectoniques nord-américaine et européenne – qui s'éloignent de 2 cm par an.

## ❺ Valahnúkur

Les champs de lave de Valahnúkur forment l'un des sites les plus beaux et les plus sauvages de la péninsule. Non loin de falaises spectaculaires et du **phare de Reykjanesviti**, la source chaude de **Gunnuhver** jaillit dans une zone géothermique multicolore.

## ❻ Une pause à Grindavík

Faites halte au **Bryggjan** (☎426 7100 ; /www.bryggjan.com ; Miðgarður 2 ; gâteaux/sandwichs 850/1 000 ISK, soupe 1 500-2 400 ISK ; ⏲11h-19h ; 📶), un adorable café du port de Grindavík.

## ❼ Au grand air

Pour explorer la péninsule à pied, en quad ou à cheval, contactez à Grindavík **ATV Adventures** (4x4 Adventures Iceland ; ☎857 3001 ; www.4x4adventuresiceland.is ; Tangasund). Vous trouverez des cartes des itinéraires de randonnée à l'**office du tourisme** (☎420 1190 ; www.visitgrindavik.is ; Hafnargata 12 ; ⏲10h-17h mi-mai à mi-sept).

## ❽ Spa ou pas

En reprenant la route de Reykjavík, passez au **Blue Lagoon** (p. 86) ou explorez la **réserve naturelle de Reykjanesfólkvangur**, ponctuée de formations volcaniques, de sources chaudes et de lacs.

# Les régions du sud-ouest de l'Islande

**Péninsule de Snæfellsnes (p. 123)**
Un mélange de reliefs envoûtants, de plages de sable noir et de fermes équestres, où l'on peut aussi observer des baleines, randonner sur des glaciers et explorer des tunnels de lave.

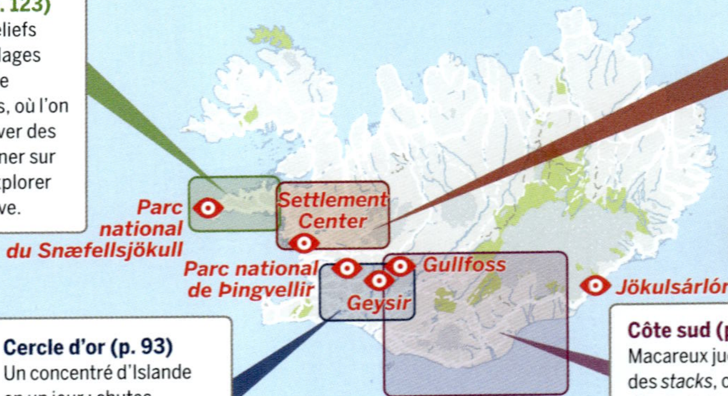


**Borgarnes et ses environs (p. 133)**
Randonnée au cœur de grottes glaciaires et charmes d'un beau complexe géothermal au programme dans ce pays des sagas islandaises.

**Cercle d'or (p. 93)**
Un concentré d'Islande en un jour : chutes scintillantes de Gullfoss, fissures tectoniques et site historique de Þingvellir, geysers de Geysir et Strokkur. Sans oublier les volcans, les sources chaudes et les bassins géothermaux.

**Côte sud (p. 109)**
Macareux juchés sur des *stacks*, cascades dévalant des falaises, langues glaciaires... Une côte majestueuse.

# Explorer le sud-ouest de l'Islande

*Le Sud-Ouest offre un concentré des merveilles naturelles islandaises : des plages de sable noir se déroulent le long de l'océan Atlantique, des geysers jaillissent de champs géothermiques, des chutes d'eau dévalent des reliefs escarpés, et de redoutables volcans se dessinent sur l'horizon de l'intérieur des terres, où se déploient des calottes glaciaires étincelantes.*



**Vaut le détour**

Explorer

# Le Cercle d'or

*Le Cercle d'or – à ne pas confondre avec la Route circulaire (Route 1), qui fait tout le tour du pays – est un époustouflant itinéraire long de 300 km, ponctué de trois sites extraordinaires : Þingvellir (point de rencontre des plaques continentales et site de l'ancien Parlement islandais), Geysir (une source d'eau jaillissante) et les vertigineuses chutes de Gullfoss.*

*En partant tôt de Reykjavík, filez à Þingvellir (p. 94), en prévoyant au moins une heure pour découvrir le site de l'ancien Parlement, le rift et les cascades. En chemin, envisagez une halte au Gljúfrasteinn-Laxness Museum (p. 101), aménagé dans la maison du prix Nobel de littérature Halldór Laxness. Pour le déjeuner, régalez-vous d'un poisson local ou d'un burger (et d'une glace !) à la ferme Efstidalur II (p. 104). Rejoignez ensuite les sources de Geysir (p. 96) et Strokkur (p. 97), puis les chutes de Gullfoss (p. 98). Si vous avez le temps, ajoutez une sortie de rafting (p. 102) près de Reykholt, avant de vous détendre dans la piscine géothermale de Gamla Laugin (p. 101), entourée de prairies. Terminez par un bon dîner islandais au Tryggvaskáli (p. 104), une table romantique à Selfoss.*

## Comment y aller et circuler

Il est facile d'effectuer le circuit du Cercle d'or en voiture.

Dans le cadre des formules "Iceland On Your Own", Reykjavík Excursions propose au départ de Reykjavík (1/jour de mi-juin à début septembre) une liaison en bus vers Geysir (4 800 ISK aller) et Gullfoss (5 000 ISK). Il n'existe pas actuellement de bus régulier pour Þingvellir, mais les circuits ne manquent pas.

Carte du Cercle d'or p. 100

Piscine géothermale de Gamla Laugin (p. 101), à Flúðir JEAFISH PING/SHUTTERSTOCK ©

Les incontournables

# Parc national de Þingvellir

*Classé au patrimoine mondial de l'Unesco, le parc national de Þingvellir (à 40 km au nord-est de Reykjavík) est le site historique le plus important d'Islande et un endroit d'une grande beauté. En 930, les Vikings fondèrent ici le premier Parlement démocratique au monde, l'Alþing : les séances se tenaient en plein air, dans le cadre majestueux de la vallée d'effondrement (ou graben), jalonnée de rivières et de cascades.*

PLAN P. 100, B1

www.thingvellir.is

Route 36/Þingvallavegur

Parking 750-1 000 ISK

## Tectonique

Le parc national de Þingvellir est situé au niveau de la vallée d'effondrement entre les plaques tectoniques nord-américaine et eurasienne, qui s'écartent de 1 à 18 mm par an. La vallée, traversée par des rivières (dont l'Öxará), est ponctuée d'étangs et entaillée par des failles, comme celle d'**Almannagjá**, que suit un sentier depuis le centre d'accueil des visiteurs et jusqu'au site de l'Alþing. L'impressionnante cascade d'**Öxarárfoss** coule à la limite nord du site de l'Alþing.

## Alþing

Près de la faille de l'Almannagjá, précédée d'une passerelle, le **Lögberg** (rocher de la Loi ; accessible par les routes 36 et 362) marque le lieu où l'Alþing se réunissait tous les ans autour du *lögsögumaður* ("celui qui dit la loi"). Après la conversion de l'Islande au christianisme, les séances prirent place au pied des falaises de l'Almannagjá ; le site est indiqué par un drapeau.

## Archéologie

Au bord de l'Öxará, les ruines de *búðir* (cabines) sont les vestiges de campements temporaires datant pour la plupart des XVII^e^ et XVIII^e^ siècles. Pendant les sessions du Parlement, les fondations en pierre étaient couvertes d'un toit. Le **Biskupabúð**, au nord de l'église, le plus grand et l'un des plus anciens, appartenait aux évêques.

## Ferme et église historiques

Au fond de la faille, la ferme de **Þingvallabær** (Rte 363 ; parking 300 ISK) fut construite pour le millénaire de l'Alþing, en 1930, par Guðjón Samúelsson. On y trouve le bureau du *ranger* et la résidence d'été du Premier ministre. Derrière la ferme, la **Þingvallakirkja** (☎ 482 2660 ; parking 300 ISK ; ⏲ 10h pour une courte visite) fut l'une des premières églises d'Islande. Elle fut consacrée au XI^e^ siècle ; l'édifice en bois actuel date de 1859.

### ★ À savoir

- Le **centre d'information de Þingvellir** (Leirar Þjónustumiðstöð ; ⏲ 9h-22h mai-août, 9h-18h sept-avr) est au nord du vaste lac Þingvallavatn (Rte 36).
- Le **centre d'accueil des visiteurs de Þingvellir** (Gestastofa ; ☎ 482 3613 ; près de la Rte 36 ; ⏲ 9h-17h juin-août, 9h-16h30 sept-mai) se trouve au sud.
- Þingvellir se prononce "thing (comme en anglais)-vet-lir".
- Le stationnement est payant (mais pas cher) ; l'accès au parc est gratuit.

### ✕ Une petite pause ?

Vous trouverez une **cafétéria** (sandwichs grillés à partir de 400 ISK ; ⏲ 9h-22h avr-oct, horaires réduits nov-mars) basique au centre d'information.

Du côté sud du lac Þingvallavatn, le **Silfra** (☎ 482 3415 ; ioniceland.is ; Ion Luxury Adventure Hotel, Nesjavellir vid, Þingvallavatn ; plats déj 2 600-4 500 ISK ; ⏲ 11h30-22h) sert une cuisine Slow Food.

## Les incontournables

# Geysir

*Dans la belle vallée d'Haukadalur, voici le geyser qui a donné son nom à tous les autres – il signifie littéralement "jaillir". Au temps du Grand Geyser, ses éruptions projetaient une colonne d'eau jusqu'à 80 m de hauteur. Aujourd'hui relativement endormi, il est éclipsé par les éruptions très régulières de son voisin le Strokkur.*

PLAN P. 100, E1

Biskupstungnabraut

Gratuit

## Geysir et Strokkur

L'activité de Geysir a été considérablement réduite depuis 1916 et, même si elle peut être stimulée par les tremblements de terre, les éruptions restent rares. Heureusement pour les visiteurs, un geyser plus "fiable", celui de **Strokkur**, se trouve juste à côté. Il faut rarement attendre plus de 10 minutes pour voir jaillir l'eau à 15 ou 30 m, avant qu'elle ne disparaisse dans les entrailles de la Terre.

## Le Geysir Center

Le **Geysir Center** (☎519 6020 ; www.geysircenter.is ; Biskupstungnabraut ; ) est un vaste complexe commercial destiné aux voyageurs. On y trouve une gigantesque boutique de souvenirs, une station-service N1 et un bon éventail de restaurants.

## Activités

Dans les environs, vous pourrez randonner dans la forêt d'Haukadalur, affiner votre swing au **Geysir Golf Course** (Haukadalsvöllur ; ☎790 6800 ; www.geysirgolf.is ; Haukadalur 3 ; 9 trous lun-ven 2 500 ISK, sam-dim 3 000 ISK, 18 trous lun-ven 3 500 ISK, sam-dim 4 00 ISK, location de club 1 500 ISK) ou taquiner le saumon dans la rivière Tungufljót. Les soirs d'hiver, par temps clair et froid, vous aurez peut-être la chance d'observer des aurores boréales. De nombreux circuits organisés au départ de Reykjavík incluent ces activités, et bien d'autres.

## Circuits aventure

À 4 km à l'est de Geysir, la ferme équestre de Kjóastaðir, **Geysir Hestar** (☎847 1046 ; www.geysirhestar.com ; Kjóastaðir 2 ; 1/2/3 heures 10 500/15 500/18 500 ISK), propose des balades à cheval dans la région et le long de la gorge de la rivière Hvítá, jusqu'aux chutes de Gullfoss (p. 98).

### ★ À savoir

- Geysir se prononce "guè-zir".
- Pour éviter la douche, ne vous mettez pas dans le sens du vent.
- Le champ géothermique mouvant de Geysir et Strokkur était en accès libre lors de nos recherches, mais il était question d'appliquer un droit de visite.
- Plus haut dans la vallée, on peut prendre de formidables photos des reliefs volcaniques et de l'eau jaillissante.

### ✕ Une petite pause ?

Le Geysir Center abrite un grand **restaurant** (plats 2 700-5 600 ISK), un café (plats 1 600-3 200 ISK) et un fast-food (plats à partir de 990 ISK).

L'**Hótel Geysir** (☎480 6800 ; www.hotelgeysir.is ; Biskupstungnabraut) attire les groupes avec son buffet du déjeuner (4 200 ISK) à partir de midi et jusqu'à tard le soir.

Les incontournables

# Gullfoss

*Les chutes d'eau de Gullfoss ("chutes d'or"), formées par la rivière Hvítá, sont les plus célèbres et les plus spectaculaires du pays. Elles sont constituées d'une double cascade, haute de 32 m, qui explose en un bruit assourdissant et un véritable mur d'écume en plongeant dans un étroit ravin. Par beau temps, le soleil dessine des arcs-en-ciel sur les embruns ; en hiver, la magie provient de la glace qui scintille dans les chutes.*

PLAN P. 100, E1

www.gullfoss.is

Route 35/Kjalvegur

Gratuit

## Panorama

Au départ du parking principal et du centre d'information touristique, un chemin goudronné rejoint un magnifique **point de vue** sur la cataracte. De là, un escalier descend au niveau des chutes d'eau. En longeant en voiture l'éperon situé en contrebas du centre d'information, au niveau de l'eau, on parvient au parking handicapés, au-delà duquel un chemin dévale dans la vallée, vers les chutes grondantes.

## Celle qui sauva les Gullfoss

Sur un terrain jusqu'alors impraticable, Sigríður Tómasdóttir (1871-1957) et ses sœurs construisirent le premier escalier descendant vers les chutes d'eau, que l'on visite depuis 1875. Mais en 1907, des investisseurs étrangers projetèrent d'édifier un barrage sur la Hvítá pour créer une centrale électrique. Tómas Tómasson, propriétaire du terrain et père de Sigríður, accepta de leur louer les terres. Las ! L'État autorisa le projet de barrage. Sigríður marcha plusieurs fois pieds nus jusqu'à Reykjavík pour contester le projet. Les investisseurs n'ayant pas payé le bail, l'accord fut finalement annulé. Sauvé, le site fut ensuite cédé à l'État, puis classé réserve naturelle en 1979. Au pied de l'escalier qui part du centre d'information, un **monument** rend hommage à Sigríður.

## Piste de Kjölur

Gullfoss marque la dernière étape du circuit du Cercle d'or. Au-delà, vous pourrez poursuivre sur la magnifique piste de Kjölur (Route F35). Elle est revêtue sur 15 km ; après, il vous faudra un 4×4. Une solution consiste à opter pour une formule Iceland On Your Own (17 900 ISK) de **Reykjavík Excursions** (☎580 5400 ; www.re.is), qui traverse les hautes terres et s'arrête dans la réserve du Kerlingarfjöll (8 300 ISK aller), un paradis pour les randonneurs.

### ★ À savoir

- Les jours de grisaille et de bruine, la brume qui nimbe la deuxième chute nuit au charme du lieu.
- Ne franchissez pas les barrières – elles sont là pour protéger les visiteurs, et l'environnement fragile.
- Quelques kilomètres avant les chutes, l'**Hótel Gullfoss** (☎486 8979 ; www.hotelgullfoss.is ; Brattholt ; d avec petit-déj 20 000 ISK ; wifi) loue des chambres bien tenues avec sdb et vue sur la lande (demandez-en une côté vallée). Il possède deux *hot pots* et un **restaurant** (plats 2 500-4 900 ISK) offrant un superbe panorama.

### Une petite pause ?

À côté du parking principal, au centre d'information, un **café** (Kjalvegur/Rte 35 ; plats à partir de 990 ISK ; ⏲9h-21h juin-août, 10h-18h sept-mai ; wifi) sert de la soupe à l'agneau, des salades, des sandwichs et des gâteaux.

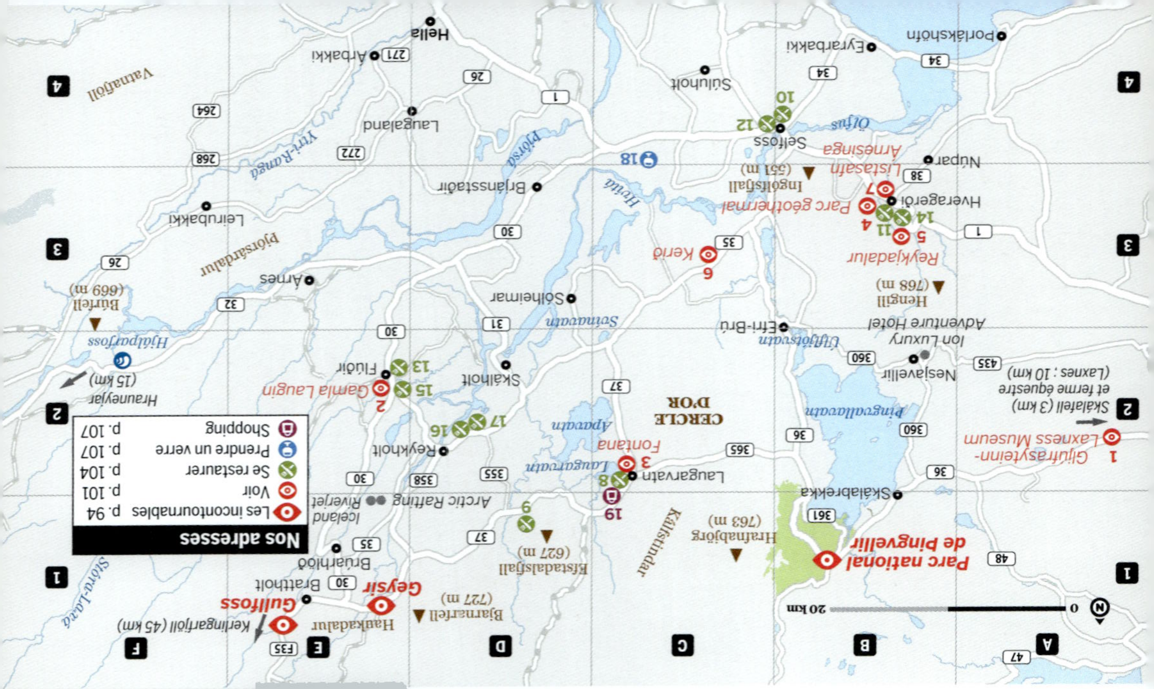
Nos adresses
Les incontournables p. 94
Voir p. 101
Se restaurer p. 104
Prendre un verre p. 107
Shopping p. 107
Parc national de Þingvellir
Geysir
Gullfoss
Kerlingarfjöll (45 km)
Haukadalur
Bratthólt
Brúarhlöð
Iceland Riverjet
Arctic Rafting
Reykholt
Bjarnarfell (727 m)
Efstadalsfjall (627 m)
Hrafnabjörg (763 m)
Kálfstindar
Laugarvatn
Apavatn
Fontana
CERCLE D'OR
Skálabrekka
Þingvallavatn
Skálafell (3 km) et ferme équestre (Laxnes ; 10 km)
Gljúfrasteinn-Laxness Museum
Nesjavellir
Ion Luxury Adventure Hotel
Úlfljótsvatn
Efri-Brú
Hengill (768 m)
Reykjadalur
Hveragerði
Parc géothermal
Listasafn Árnesinga
Ingólfsfjall (551 m)
Núpar
Selfoss
Ölfus
Eyrarbakki
Þorlákshöfn
Súluholt
Kerið
Hvítá
Sólheimar
Svínavatn
Skálholt
Gamla Laugin
Flúðir
Hrauneyjar (15 km)
Hjálparfoss
Búrfell (669 m)
Árnes
Þjórsárdalur
Leirubakki
Brjánsstaðir
Þjórsá
Ytri-Rangá
Laugaland
Árbakki
Hella
Vatnafjöll
Stóra-Laxá
20 km

# Voir

## Gljúfrasteinn-Laxness Museum MUSÉE

1 PLAN P. 100, A2

Le prix Nobel de littérature Halldór Laxness (1902-1998) a vécu toute sa vie à Mosfellsbær. Sa maison au bord du lac a été transformée en un musée qui permet une halte agréable sur la Route 36 entre Reykjavík et Þingvellir. L'auteur a construit cette belle demeure dans les années 1950 ; elle est restée intacte, avec son mobilier, son bureau et sa collection d'œuvres d'art (les broderies furent réalisées par l'épouse d'Halldór Laxness, Auður). Sa chère Jaguar est garée à l'entrée. Audioguide en plusieurs langues – seule une brochure est disponible en français. (☎586 8066 ; www.gljufrasteinn.is ; Þingvallavegur, Mosfellsbær ; tarif plein/enfant 1 200 ISK/gratuit)

## Gamla Laugin BAINS GÉOTHERMAUX

2 PLAN P. 100, E2

À Flúðir, ce grand bassin géothermal entouré de rochers invite à se détendre dans ses eaux fumantes. Le sentier qui le borde passe par une rivière, et par une succession de petites cheminées volcaniques et de geysers. L'été, les prés sont envahis de fleurs sauvages. Victime de son succès, ce lagon n'est plus guère secret. En milieu d'après-midi, il est envahi par les bus de touristes. Venez avant ou après. (Secret Lagoon ; ☎555 3351 ; www.secretlagoon.is ; Hvammsvegur, Flúðir ; tarif plein/enfant 3 000 ISK/gratuit ; 🕐12h-20h)

### Le Cercle d'or : mode d'emploi

- En faisant le circuit par vos propres moyens, vous pourrez visiter les sites à votre rythme et vous aventurer hors des sentiers battus.
- Presque toutes les agences de tourisme de Reykjavík proposent des excursions sur le Cercle d'or (en bus, à vélo, en Super-Jeep...), qu'il est souvent possible de combiner avec d'autres itinéraires.
- Si vous souhaitez séjourner dans la région, sachez que Laugarvatn possède de bonnes adresses. On peut aussi camper à Þingvellir ou s'offrir une nuit au luxueux **Ion Luxury Adventure Hotel** (plan p. 100, B2 ; ☎578 3700 ; www.ioniceland.is ; Nesjavellir 801 ; d à partir de 53 000 ISK ; P @ ). De nombreux hébergements jalonnent la Route 35.
- Si vous souhaitez poursuivre votre périple par la découverte de l'ouest de l'Islande, suivez le circuit en sens inverse, en finissant par Þingvellir.

## Boucler la boucle

Si vous suivez l'itinéraire du Cercle d'or dans le sens habituel, en commençant par Þingvellir, la portion qui vous ramènera depuis Gullfoss vers la Route circulaire (Route 1), où vous rejoindrez Selfoss et le secteur de Hveragerði, marqué par une intense activité géothermique, sera votre dernière étape. En chemin, vous trouverez maintes occasions de vous arrêter. La plupart des voyageurs suivent la Route 35, asphaltée, qui passe par **Reykholt**, où il est possible de faire du rafting. Un petit détour vous mènera à **Flúðir** (où l'on trouve des serres géothermiques et une source chaude) et à **Skálholt**, haut lieu historique du christianisme en Islande.

### Fontana — BAINS GÉOTHERMAUX

3 PLAN P. 100, C2

Au bord du lac Laugarvatn, cet établissement chic possède 3 bassins modernes, un bain de vapeur tout habillé de cèdre alimenté par une fumerolle naturelle et un agréable café (buffet déjeuner/dîner 2 900/3 900 ISK) avec vue sur le lac. Location de serviettes et maillots de bain (800 ISK chacun) et de peignoirs (1 500 ISK) sur place. (486 1400 ; www.fontana.is ; Hverabraut 1 ; tarif plein/enfant 3 950/2 000 ISK ; 10h-23h début juin à fin août, 11h-22h fin août à début juin)

### Parc géothermal — BAINS GÉOTHERMAUX

4 PLAN P. 100, B3

Au parc géothermal de Hverasvæðið, les visiteurs peuvent se tremper les pieds (pas davantage) dans des *mudpots* (mares de boue) et des sources chaudes. Réservez une visite guidée pour découvrir la géologie exceptionnelle du lieu et le chauffage des serres (à partir de 15 pers ; 850 ISK/ pers). Sur place, un petit café sert du thé et du café et vend du pain cuit grâce à la géothermie. (Hveragarðurinn ; 483 4601, 483 5062 ; Hveramörk 13, Hveragerði ; tarif plein/enfant 300 ISK/gratuit ; 9h-18h lun-sam, 10h-18h dim juin-août, horaires réduits avr-mai et sept, fermé oct-mars)

### Reykjadalur — VALLÉE GÉOTHERMALE

5 PLAN P. 100, B3

Reykjadalur est une merveilleuse vallée géothermale, traversée par une rivière chaude dans laquelle on peut se baigner – emportez votre maillot de bain. Le chemin est indiqué sur les cartes distribuées par l'office du tourisme ; il part du parking et se déroule sur 3 km, parmi des champs de solfatares (comptez

1 heure aller). Restez sur les sentiers balisés, sous peine de voir fondre vos chaussures, et ne laissez pas de déchets : l'endroit a beaucoup souffert de la négligence de certains touristes. (vallée de la Rivière chaude ; Breiðamörk)

## Kerið

VOLCAN

6 PLAN P. 100, C3

À 15,5 km au nord de Selfoss par la Route 35, ce cratère a été formé par une éruption il y a 6 500 ans. Il est comblé par un lac d'un vert irréel, qui se détache sur un sol rouge vif et terre de Sienne. En 2010, la chanteuse Björk a donné un concert sur une scène flottante sur le lac. On peut aisément faire le tour du cratère (10-20 minutes) et descendre jusqu'au lac. (Biskupstungnabraut ; tarif plein/enfant 400 ISK/gratuit ; 8h30-21h juin-août, de jour sept-mai)

## Listasafn Árnesinga

MUSÉE

7 PLAN P. 100, B3

Ce petit musée d'art moderne et contemporain de Hveragerði, à 14 km de Selfoss, propose d'excellentes expositions. Lorsqu'il y a peu de monde, le personnel se fait un plaisir de présenter les œuvres aux visiteurs et de les commenter. Agréable café sur place, avec boissons chaudes et gâteaux. (483 1727 ; www.listasafnarnesinga.is ; Austurmörk 21, Hveragerði ; gratuit ; 12h-17h tlj mai-sept, 12h-17h mar-dim mi-sept à avr)

Cratère du Kerið

## Sports aquatiques

Il existe de belles possibilités d'activités nautiques sur le circuit du Cercle d'or.

**Extreme Iceland** (www.extremeiceland.is ; plongée à partir de 35 000 ISK, snorkeling à partir de 14 500 ISK). Plongée dans la faille de Silfra à Þingvellir. Nombreuses autres activités proposées.

**Dive.is** (☎578 6200 ; www.dive.is ; Hólmaslóð 2 ; 2 plongées à Þingvellir 34 000 ISK). Snorkeling dans les eaux glacées de la fissure tectonique de Þingvellir.

**Arctic Rafting** (plan p. 100, E1 ; ☎486 8990 ; www.arcticrafting.com ; Drumboddsstaðir ; rafting à partir de 13 990 ISK/pers ; ⏲mi-mai à mi-sept). Circuits très variés combinant rafting sur la Hvítá et autres activités.

# Se restaurer

### Lindin

ISLANDAIS **€€**

8 PLAN P. 100, C2

À Laugarvatn, Baldur, chef cuisinier reconnu et chaleureux, est aux manettes de ce qui est sans doute la meilleure table à la ronde. Dans une maison bleu-gris décorée sobrement, ce restaurant gastronomique face au lac sert une cuisine islandaise délicate, privilégiant les produits locaux et sauvages. De la soupe à l'excellent burger au renne, tout est conseillé. Réservez pour dîner en haute saison. (☎486 1262 ; www.laugarvatn.is ; Lindarbraut 2, Laugarvatn ; plats 2 200-5 600 ISK ; ⏲16h-21h mar-ven, 12h-21h30 sam-dim ; P ᯤ)

### Efstidalur II

ISLANDAIS **€€**

9 PLAN P. 100, D1

À 12 km au nord-est de Laugarvatn, cette ferme laitière en activité avec vue sur l'Hekla se double d'un restaurant servant une cuisine fraîche et savoureuse, dont du bœuf (entrecôte) élevé sur place et de la truite (filet aux légumes au four) pêchée dans le lac. Le bar à glaces propose de délicieuses recettes maison – on peut voir l'intérieur de la laiterie par ses fenêtres. (☎486 1186 ; www.efstidalur.is ; Efstidalur 2 ; 500 ISK/boule de glace, plats 2 250-5 800 ISK ; ⏲ 8h-20h lun-ven, à partir de 10h sam-dim ; P ᯤ)

### Tryggvaskáli

ISLANDAIS **€€**

10 PLAN P. 100, B4

Le Tryggvaskáli occupe la plus ancienne maison de Selfoss (bâtie pour les constructeurs du pont en 1890), face à la rivière. Agréablement rénové, il se distingue par une atmosphère romantique, avec de jolis détails anciens. La carte privilégie les plats islandais raffinés, à base de produits locaux : poitrine de porc aux prunes, cuite lentement, morue en croûte de champignons et chorizo. Les propriétaires gèrent également le Kaffi Krús (ci-après). (482 1390 ; www.tryggvaskali.is ; Austurvegur 1 ; plats 3 190-5 590 ISK ; 16h-22h)

### Varmá

ISLANDAIS **€€€**

11 PLAN P. 100, B3

À Hveragerði, ce restaurant de l'hôtel Frost & Fire offre un cadre incomparable, avec des baies vitrées qui donnent sur une rivière et une gorge. Les plats islandais, préparés avec des produits locaux, sont la plupart du temps cuits grâce à la géothermie. Le menu "gibier" (4 plats) comprend de la poitrine d'oie fumée au brie et du steak de renne. Réservez en été. (483 4959 ; www.frostogfuni.is ; Hverhamar, près de la Rte 376, Hveragerði ; plats 3 800-7 650 ISK, menu gibier sauvage 10 500 ISK ; 8h-23h lun-ven, jusqu'à 20h sam-dim ; P )

### Kaffi Krús

INTERNATIONAL **€€**

12 PLAN P. 100, C4

Dans une vieille maison pleine de charme de Selfoss au bord de la route principale, ce lieu accueillant (dont le nom signifie "tasse de café"), dans les tons orange, est doté d'une grande terrasse et sert un vaste choix de plats islandais et internationaux, allant des salades et pâtes aux poissons et produits fermiers. Pizzas (goûtez celle au canard ou à la langoustine) et burgers excellents. (482 1266 ; kaffikrus.is ; Austurvegur 7, Selfoss ; plats 1 580-3 950 ISK ; 11h30-21h dim-jeu, jusqu'à 22h ven-sam, horaires réduits sept-mai)

### Minilik Ethiopian Restaurant

ÉTHIOPIEN **€€**

13 PLAN P. 100, E2

Pour les amateurs d'épices, Azeb concocte des spécialités éthiopiennes dans cet établissement accueillant et sans prétention de Flúðir, décoré d'outils agricoles africains et de tissus colorés. Beaucoup de mets végétariens, mais aussi de l'agneau avec oignon, ail et gingembre (*awaze tibs*) et du poulet (*doro kitfo*). À notre connaissance, il s'agit du seul restaurant éthiopien d'Islande. (846 9798 ; www.minilik.is ; Skeiða-og Hrunamannavegur, Rte 30, Flúðir ; plats 2 000-2 500 ISK ; 18h-21h mar-dim ; )

### Skyrgerðin

CAFÉ **€€**

14 PLAN P. 100, B3

À Hveragerði, un établissement décontracté et agréable (bois brut, objets chinés, photos anciennes), où il fait bon déguster des plats originaux préparés à partir d'ingrédients frais islandais. La carte est variée – smoothies et autres rafraîchissements à base de *skyr* (yaourt islandais), mini-burgers, lasagnes, poisson, gâteaux remarquables et diablement tentants...

L'édifice abrite la plus ancienne usine de *skyr* – d'où son nom. Les groupes de plus de 10 personnes peuvent réserver une visite (25 min-1 heure, à partir de 1 950 ISK/pers), avec atelier et dégustation. À l'étage,

## Le monde surnaturel

Immenses champs de lave, étonnantes formations naturelles, fermes isolées… L'étrangeté des paysages islandais a nourri de nombreuses croyances surnaturelles parmi les habitants. De fait, on imagine facilement les êtres du peuple caché (*huldufólk*), les fantômes et les trolls évoluant dans les collines et au bord de l'eau.

### Le peuple caché

*Jarðvergar* (gnomes), *álfar* (elfes), *ljósálfar* (fées), *dvergar* (nains), *ljúflingar* (mignons), *tívar* (esprits de la montagne) et *englar* (anges) habitent les laves. Ils font l'objet d'histoires transmises de génération en génération, et de nombreux Islandais affirment en avoir vu, ou connaître quelqu'un qui en a vu.

On raconte que des problèmes surviennent lorsque l'on tente de construire une route sur les maisons du *huldufólk* : le temps se dégrade, les machines ne fonctionnent plus, les ouvriers tombent malades. En 2014, la "fantaisie" islandaise a fait les choux gras de la presse internationale, quand la construction d'une route reliant la péninsule d'Álftanes à la banlieue reykjavikoise de Garðabær a été interrompue après que des militants se sont inquiétés du fait que cela perturberait l'habitat des elfes.

### Fantômes gloutons et trolls pétrifiés

En Islande, les fantômes sont tenus pour des êtres palpables. *Móri* et *skotta* désignent respectivement les fantômes mâle et femelle. L'un des plus célèbres revenants, Sel-Móri, a le mal de mer quand il s'embarque clandestinement sur un bateau. On dit souvent que les empilements de roches et les formations de lave aux formes étranges sont des trolls surpris par le lever du soleil, pétrifiés pour l'éternité.

### En savoir plus

D'après les enquêtes d'opinion, plus de la moitié des Islandais croient à l'existence du *huldufólk* (ou, du moins, n'écartent pas cette possibilité). Mais attention : les Islandais ne supportent pas que les visiteurs leur demandent s'ils croient à ces créatures surnaturelles ou qu'ils se montrent attendris face à une telle croyance. Pour en savoir plus, participez à un **circuit** (☎ 694 2785 ; www.alfar.is ; 4 500 ISK/pers ; ⏲14h30 mar et ven juin-août) à Hafnarfjörður, à 10 km de Reykjavík, ou à un cours d'initiation de 4 heures dispensé par l'**école des elfes islandaise** (Álfaskólinn ; www.elfmuseum.com) – presque tous les vendredis, à Reykjavík.

on peut aussi louer un théâtre et de charmantes petites chambres (d avec sdb commune à partir de 17 700 ISK). (481 1010 ; www.skyrgerdin.is ; Breiðamörk 25, Hveragerði ; plats 2 590-5 100 ISK ; 11h30-21h dim-jeu, jusqu'à 22h ven-sam ; )

### Flúðasveppir Farmers Bistro ISLANDAIS €€

15 PLAN P. 100, E2

Au menu de ce restaurant de Flúðir attenant à une champignonnière : buffet avec soupe aux champignons tirée d'une recette secrète, pain maison et sélection d'*álegg* – mot islandais désignant "ce qui va sur du pain" –, issus de serres et d'élevages laitiers locaux. Mais aussi salades au poulet, roulés à l'agneau et galettes de légumes. (519 0808 ; www.farmersbistro.is ; Garðastígur, Flúðir ; plats à partir de 1 900 ISK ; 12h-17h)

### Friðheimar CAFÉ €€

16 PLAN P. 100, D2

Ici, à Reykholt, dans des serres immenses, chauffées par la géothermie, sont cultivées toute l'année des tomates et divers légumes. La récolte est en vente sur place, et on trouve aussi un bon buffet déjeuner, avec soupe à la tomate, sauce piquante au concombre et pain frais. Sur réservation, possibilité pour les groupes de visiter les serres (10 pers ou plus) et d'assister à des spectacles équestres (15 pers ou plus). (486 8894 ; www.fridheimar.is ; Friðheimar, près de la Rte 35, Reykholt ; plats à partir de 2 200 ISK ; 12h-16h)

### Restaurant Mika INTERNATIONAL €€

17 PLAN P. 100, D2

À Reykholt, le rendez-vous des gens du coin, qui apprécient les menus copieux et les pizzas (four extérieur). Sandwichs et plats islandais également. Mention spéciale aux langoustines ("homard" islandais) rôties au beurre et à l'ail. Et en prime : des chocolats maison. (486 1110 ; mika.is ; Skólabraut 4, Reykholt ; plats 1 950-9 000 ISK ; 12h-14h lun-jeu, 17h-21h jeu-ven, 12h-21h sam-dim ; )

## Prendre un verre

### Ölvisholt Brugghús MICROBRASSERIE

18 PLAN P. 100, C4

À Ölvisholti, une jolie variété de bières issues de microbrasseries du sud de l'Islande, dont l'accrocheuse Lava, et des visites (60 min, 3 500 ISK/pers) présentant l'histoire de la brasserie et le procédé du brassage, et incluant une dégustation. Âge minimal pour les visiteurs : 20 ans. (767 5000 ; www.olvisholt.is ; Ölvisholti, en retrait de la Rte 1 ; groupes sur rdv)

## Shopping

### Gallerí Laugarvatn ART ET ARTISANAT

19 PLAN P. 100, C1

Une galerie de produits artisanaux : confiseries, articles de ferronnerie, céramiques, lainages, etc. (486 1016 ; www.gallerilaugarvatn.is ; Háholt 1, Laugarvatn ; 10h-17h lun-ven, 11h-17h sam-dim)

# Explorer
# La côte sud

Depuis Reykjavík, la Route circulaire se déroule vers le sud-est à travers d'amples plaines côtières. Le paysage devient plus tourmenté aux abords de Skógar et Vík. À l'intérieur des terres, le relief s'élève ; les volcans (comme l'Eyjafjallajökull, dont l'éruption de 2010 paralysa le transport aérien en Europe) sont drapés de brume et les superbes glaciers scintillent, tandis que les rivières s'écoulent vers des plages de sable noir et l'océan.

La côte sud est longue : il faut choisir. En suivant la Route circulaire vers l'est, ce sera équitation (p. 119) à Hella, volcanologie au centre LAVA (p. 112) de Hvolsvöllur, puis chutes grandioses à Seljalandsfoss et Gljúfurárbui (p. 112) – à moins que vous n'alliez aux villages de pêcheurs de Stokkseyri et d'Eyrarbakki (p. 115) ou passiez la journée aux îles Vestmann (p. 114). Déjeunez au Gamla Fjósið (p. 115), découvrez les arts et traditions populaires à Skógar (p. 113) et la langue glaciaire du Sólheimajökull (p. 113) ; puis filez sur le littoral de Vík, vers Dyrhólaey (p. 114) et Reynisfjara (p. 114). Réservez pour dîner au Suður-Vík (p. 115), avant de regagner Reykjavík.

## Comment y aller et circuler

Les tour-opérateurs basés à Reykjavík proposent des excursions dans le Sud et de nombreux prestataires de la région viendront vous chercher dans la capitale.

🚗 Les routes sont bonnes, sauf à l'intérieur des terres.

🚌 Toutes les compagnies – Strætó, Sterna, Reykjavík Excursions – couvrent la région, très populaire. En été, Trex dessert Þórsmörk et Landmannalaugar.

Carte de la côte sud p. 110

L'Eyjafjallajökull (p. 116) BRIAN MAUDSLEY/SHUTTERSTOCK ©

Kerlingarfjöll (45 km)
Gullfoss
Geysir
Brúarhlöð
Háifoss
Sultartangalón
Þórisvatn
Lítlisjór
Veiðivötn
Flúðir
Hjálparfoss
Búrfell (669 m)
Árnes
Þjórsá
Þjórsárdalur
4x4 uniquement
Landmannalaugar
Jökuldalur
Kirkjufell
Leirubakki
Hekla (1 491 m)
Ytri-Rangá
Laufafell
Gjátindur
Eldgjá
Vatnafjöl
Árbakki
Hella
Álftavatn
Torfajökull
Fljótsdalur
Tindfjallajökull
Hólmsá
10
1 LAVA
Hvolsvöllur
Hlíðarendi
Tindfjöll (1 251 m)
Þórsmörk
Eyrarbakki et Stokkseyri (45 km)
Stóra-Mörk III
Valahnúkur (282 m)
Mýrdalsjökull
Bergþórshvoll
2 Seljalandsfoss et Gljúfurárbui
Fimmvörðuháls
Icelandic Mountain Guides
Katla (1 250 m)
Eyjafjallajökull
Ásólfsskáli
Bakki
Skógafoss 3 4
5 Sólheimajökull
Hafursey (582 m)
9
Skógar
Mælifell (642 m)
Musée des Arts et Traditions populaires de Skógar
Brekkur
Hjörleifshöfði (221 m)
12 13
Heimaey
Reynisfjara
Vík
Eldfell 8
Dyrhólaey 6 7 11
Vestmannaeyjar (îles Vestmann)
A B C D
1 2 3 4 5 6
35 358 30 32 26 F26 F208 F225 272 268 271 264 F210 261 F261 255 253 1 247 221 219

E
F
G
H
1
2
3
4
5
6
Parc national du Vatnajökull
Vatnajökull
Langisjór
Fögrufjöll (1 090 m)
F235
Skaftá
Lakagígar
Laki (818 m)
Grænalón
Eystrafjall
Núpsá
Skeiðarárjökull
Skaftafell
Hvannadalshnúkur (2 110 m)
Skaftafellsstofa – centre d'information des visiteurs
Arctic Adventures
Freysnes
Svínafell
Sandfell
Hof
Öráefi
Jökulsárlón (40 km)
Núpsstaðarskógar
Lómagnúpur (767 m)
1
Fagrifoss
Foss á Síðu
F206
Skeiðarársandur
Kirkjubæjarklaustur
1
209
Eldhraun
204
1
Álftaver
Kúðafljót
Meðallandssandur
Mýrdalssandur
OCÉAN ATLANTIQUE NORD
Nos adresses
Voir p. 112
Se restaurer p. 115
Prendre un verre p. 118
Shopping p. 119
N
0
20 km

# Voir

## LAVA

EXPOSITION

1 PLAN P. 110, A4

Ce centre, qui présente la naissance de l'Islande, propose une expérience multimédia complète, pour une immersion dans la vie sismique et volcanique de l'île. Il comprend de multiples sections – simulateur de séisme, brouillard de fumée évoquant des cendres volcaniques... Salle de cinéma ; boutique et restaurant sur place. (Centre islandais de volcanologie et de sismologie ; 415 5200 ; www.lavacentre.is ; Austurvegur 14, Hvolsvöllur ; tarif plein/enfant 3 990 ISK/gratuit, cinéma seul 1 550 ISK/gratuit, forfait famille 9 975 ISK ; 9h-17h)

## Seljalandsfoss et Gljúfurárbui

CASCADES

2 PLAN P. 110, A4

De la Route circulaire, on découvre les chutes de Seljalandsfoss, qui tombent à fleur de roche dans un profond bassin d'eau verte. Un sentier (glissant) mène derrière ce rideau d'eau. Quelques centaines de mètres plus bas sur la route de Þórsmörk, la cascade de Gljúfurárbui se déverse dans un canyon caché. (en retrait de la Rte 249 et de la Rte 1 ; parking 700 ISK)

## Skógafoss

CASCADE

3 PLAN P. 110, B5

Cette chute grandiose, large de 25 m, tombe en rugissant d'une falaise de 60 m de haut, à la lisière ouest de Skógar. Un escalier abrupt menant au sommet offre une vue spectaculaire ; on peut aussi

### Le Skaftafell et le parc national du Vatnajökull

L'immense parc national du Vatnajökull (plan p. 110, G1 ; www.vjp.is/en) couvre près de 14% du territoire islandais. Il a pour joyau le Skaftafell, qui englobe un ensemble vertigineux de pics et de glaciers. Cascades grondantes, forêts de bouleaux noueux et rivières sinueuses bordent l'éblouissant Vatnajökull, aux reflets bleutés et aux énormes langues glaciaires, bien visibles depuis la Route circulaire.

Doublé d'un café ouvert en été, le **Skaftafellsstofa** (centre d'information des visiteurs du Skaftafell ; plan p. 110, H2 ; 470 8300 ; 8h-19h juin-sept, 9h-18h fév-mai et oct, 10h-18h nov-jan ; ) accueille des expositions et renseigne sur les itinéraires de marche et de randonnée – un circuit de 1,8 km conduit à **Svartifoss** (la "cascade noire"), encadrée d'orgues de basalte géométriques. Pour des randonnées glaciaires et des sorties aventure, contactez **Arctic Adventures** (Glacier Guides ; plan p. 110, H2 ; 562 7000 ; www.adventures.is).

CHRISTOPHER CZERMAK/SHUTTERSTOCK ©

Plage de Reynisfjara (p. 114)



marcher au pied du rideau d'eau nimbé d'écume où se forment des arcs-en-ciel. La légende raconte qu'un colon nommé Þrasi a caché un coffre rempli d'or derrière la cascade. Au sommet démarre le spectaculaire trek du Fimmvörðuháls, qui s'étire sur 23 km jusqu'à Þórsmörk ("forêt de Thor"). (Skogafossvegur, en retrait de la Rte 1)

## Musée des Arts et Traditions populaires de Skógar MUSÉE

4 PLAN P. 110, C5

Le village de Skógar a pour plus bel atout ce musée qui aborde tous les aspects de la vie islandaise, à travers une collection rassemblée sur plus de 75 ans par Þórður Tómasson. Admirez les édifices restaurés (église, ferme au toit herbeux, étables). Également : un musée des Transports et des Communications, un café basique et une boutique. (Skógasafn ; 487 8845 ; www.skogasafn.is ; Skógavegur, en retrait de la Rte 1 ; tarif plein/enfant 2 000 ISK/gratuit ; 10h-18h juin-août, 10h-17h sept, 11h-16h oct-avr, 10h-17h mai)

## Sólheimajökull GLACIER

5 PLAN P. 110, C5

Cette langue glaciaire, qui se déploie depuis le glacier du Mýrdalsjökull, est l'une des plus faciles d'accès. C'est une destination prisée pour la marche et l'escalade sur glace. La Route 221, qui part de la Route circulaire, rejoint en 4,2 km un petit parking et le bureau d'**Arcanum** ( 587 9999 ; www.arcanum.is ; Rte 221 ; rando glaciaire à partir de 9 900 ISK, circuit en quad à partir de 19 900 ISK, sortie motoneige pour 2 pers à partir de 27 000 ISK ; ⏲9h-16h), d'où un sentier longe la langue glaciaire sur 800 m – jusqu'à la glace. Ne partez pas à l'assaut du glacier sans guide.

### Dyrhólaey

RÉSERVE FAUNIQUE

6 PLAN P. 110, C5

C'est l'une des formations naturelles les plus reconnaissables de la côte, au bout de la Route 218 : à Dyrhólaey, à 10 km à l'ouest de Vík, surgit des plaines un promontoire percé d'une arche au-dessus de l'océan. Admirez les plages d'un noir profond et la vue depuis les hauteurs. Le site, protégé, abrite des colonies d'oiseaux, dont des macareux ; il est en partie, voire en totalité fermé pendant la nidification (15 mai-25 juin). (Rte 218)

### Reynisfjara

PLAGE

7 PLAN P. 110, C5

Sur le versant ouest du Reynisfjall, la crête qui surplombe Vík, la Route 215 descend sur 5 km jusqu'à la plage de sable noir de Reynisfjara, adossée à d'admirables **orgues basaltiques**. La vue vers l'ouest et Dyrhólaey est superbe. Les falaises environnantes sont creusées de grottes ; en été, on peut voir des macareux plonger depuis les hauteurs. Les *stacks* de **Reynisdrangur** (hautes formations rocheuses) se dressent au large. Attention aux vagues : il n'est pas rare que des promeneurs se fassent emporter. (Rte 215)

### Eldfell

VOLCAN

8 PLAN P. 110, A5

Ce cône volcanique, qui atteint 221 m de haut, a surgi au petit matin du 23 janvier 1973. Après

## Vestmannaeyjar (îles Vestmann)

Les îles Vestmann (plan p. 110, A5) forment un groupe de 15 silhouettes qui attire l'œil. Heimaey est la seule à être habitée. Sa petite localité est encadrée par de spectaculaires escarpements et par deux volcans menaçants (l'éruption de l'Eldfell faillit l'engloutir en 1973). Heimaey est connue pour ses macareux (une dizaine de millions d'oiseaux viennent y couver), le **festival de Þjóðhátíð** (www.dalurinn.is ; Dalvegur ; billet 22 900 ISK, ferry 2 000 ISK ; ⏲juil ou août) et l'excellent musée **Eldheimar** (musée de "la Pompéi du Nord" ; ☎488 2700 ; eldheimar.is ; Gerðisbraut 10 ; tarif plein/enfant 2 600/1 300 ISK ; ⏲11h-18h).

On mange très bien au **Slippurinn** (☎481 1515 ; www.slippurinn.com ; Strandvegur 76 ; plats dîner 3 450-5 950 ISK, menu 8 990-10 990 ISK ; ⏲12h-14h30 ven-dim et 17h-22h tlj juin-août, 12h-14h30 tlj et 17h-22h mer-dim mai et sept ; 📶). Heimaey constitue une excellente excursion à la journée par le ferry Herjólfur.

## Villages de pêcheurs

Les villages de pêcheurs de Stokkseyri et Eyrarbakki se trouvent au sud de la Route circulaire. Stokkseyri accueille **Icelandic Wonders** (483 1202 ; www.icelandicwonders.is ; Hafnargata ; tarif plein/enfant 1 500/1 200 ISK ; 13h-18h juin-août), un musée dédié aux fantômes, aux elfes et aux aurores boréales, et le **Draugasetrið** (maison des Fantômes ; 854 4510 ; Hafnargata 9, en retrait de la Rte 33 ; tarif plein/enfant 2 000/1 500 ISK ; 13h-18h juin-août), une maison hantée, gérée par un groupe de jeunes.

À Eyrarbakki, la **réserve naturelle de Flói** (562 0477 ; www.fuglavernd.is ; Route 34) abrite de nombreux oiseaux aquatiques.

Deux restaurants, le **Við Fjöruborðið** (483 1550 ; www.fjorubordid.is ; Eyrarbraut 3a, Stokkseyri ; plats 2 800-8 850 ISK ; 12h-21h ; P ) et le **Rauða Húsið** (483 3330 ; www.raudahusid.is ; Búðarstígur 4, Eyrarbakki ; plats 3 490-8 900 ISK ; 17h-21 lun-jeu, 12h-21h ven-dim ; ), rivalisent pour le titre de la meilleure bisque de langoustine.

l'éruption, la chaleur du volcan alimenta Heimaey en énergie géothermique de 1976 à 1985. Aujourd'hui, le sol est encore si chaud par endroits que l'on peut y cuire du pain ou carboniser du bois. Du village, il est facile de grimper en haut de l'Eldfell par la paroi nord effondrée du cratère. Ne quittez pas le sentier : les habitants tiennent à préserver de l'érosion leur volcan le plus récent. (près de Fellavegur ; P)

# Se restaurer

### Gamla Fjósið
ISLANDAIS €€€

9 PLAN P. 110, B5

À Hvassafell, cette charmante "Vieille Étable" (qui en fut vraiment une jusqu'en 1999) est spécialisée dans les viandes fermières issues de bêtes nourries à l'herbe, qui entrent par exemple dans la composition des burgers et de la soupe Volcano (ragoût de bœuf épicé). Côté décor : des poutres basses, du parquet, des tables polies, des buffets massifs... Accueil sympathique. (487 7788 ; www.gamlafjosid.is ; Hvassafell, en retrait de la Rte 1 ; plats 3 900-6 900 ISK, burgers à partir de 2 070 ISK, soupe Volcano 2 400 ISK ; 11h30-21h juin-août, horaires réduits sept-mai ; )

### Suður-Vík
ISLANDAIS, ASIATIQUE €€

Éclairage chaleureux, parquet, poutres apparentes, œuvres d'art... Un lieu qui se distingue par son hospitalité. Côté table : une cuisine copieuse et variée – assiettes fermières, salade de quinoa, pizzas, plats asiatiques comme les curries *panang* avec du riz. Réservez en été. Pour un dernier verre, direction la **Man**

## Un tempérament volcanique

Située sur la dorsale médio-atlantique, une immense fracture de 15 000 km de long séparant deux des principales plaques tectoniques terrestres, l'Islande offre une formidable leçon de géologie grandeur nature. Cette île est l'une des plus jeunes terres de la planète ; elle a été formée il y a 17 à 20 millions d'années par des éruptions volcaniques sous-marines à la frontière entre les plaques nord-américaine et eurasiatique. La croûte terrestre n'y mesure qu'un tiers de son épaisseur normale, et du magma continue de s'élever en faisant s'écarter les deux plaques. Le phénomène est particulièrement visible à **Þingvellir**, où la grande faille d'Almannagjá s'élargit de 1 à 18 mm par an.

La finesse de la croûte terrestre et le mouvement des plaques tectoniques sont à l'origine d'une activité volcanique intense et variée ; les éruptions linéaires, lors desquelles des cratères se forment à la suite de l'ouverture d'une fissure active, constituent la forme d'éruption la plus répandue. La série de cratères autour du **Laki**, appelés Lakagígar – il y en a plus d'une centaine sur un rayon de 25 km –, en est l'exemple le plus extraordinaire. L'éruption qui survint au Laki en 1783 fut exceptionnelle : la lave recouvrit 565 km$^2$ sur une épaisseur de 12 m.

### Éruptions sous-glaciaires et sous-marines

Certains des volcans islandais les plus actifs se trouvent sous des glaciers. Dans ce cas, les éruptions de lave en fusion provoquent la fonte des glaces, des inondations (*jökulhlaup*) et des coulées de boue (*lahar*). Ce fut le cas lors de l'éruption de l'**Eyjafjallajökull** en 2010, à l'origine d'inondations qui endommagèrent notamment une partie de la Route circulaire ; le volcan projeta par ailleurs dans l'atmosphère un immense panache de cendres qui cloua au sol pendant près d'une semaine les avions de l'hémisphère Nord. Également très actif, le **Grímsvötn**, situé sous la calotte glaciaire du Vatnajökull, se réveilla à son tour en mai 2011, mais avec de moindres conséquences pour l'environnement.

Les phénomènes sous-marins ne sont pas rares. L'île de **Surtsey** sortit littéralement de l'océan en 1963 ; elle a depuis donné l'occasion d'observer comment les morceaux fumants d'une terre nouvellement créée sont colonisés par la faune et la flore. Surtsey est interdite au public, mais on peut gravir des cônes comme l'**Hekla**, l'**Eldfell** et le **Snæfellsjökull**, sur la péninsule de Snæfellsnes.

L'**Agence météorologique islandaise** (www.vedur.is) surveille les éruptions, les tremblements de terre qui souvent les précèdent, et les émissions qui en découlent.

**Cave** (bières à partir de 1 000 ISK ; 18h-tard), à l'étage inférieur. Non loin de la Smiðjan Brugghús (p. 118). (487 1515 ; www.facebook.com/Sudurvik ; Suðurvíkurvegur 1, Vík ; plats 1 800-4 900 ISK ; 12h-21h lun-mer, 12h-22h jeu-dim, horaires réduits en hiver)

### Hafið Bláa PRODUITS DE LA MER €€

10 PLAN P. 110, A3

À 3 km à l'ouest d'Eyrarbakki sur la Route 34, ce restaurant au bord de l'eau, dans un bâtiment ovale au niveau du pont, arbore un beau plafond voûté en bois. Même si vous n'obtenez pas une table avec vue sur l'océan, le panorama de l'estuaire est tout aussi spectaculaire. La courte carte privilégie les produits de la mer et la viande d'agneau. (483 1000 ; www.hafidblaa.is ; Rte 34 ; plats 2 300-3 900 ISK ; 12h-21h juin-août, horaires réduits sept-mai)

### Halldórskaffi INTERNATIONAL €€

Dans le musée Brydebúð de Vík, ce restaurant animé et lambrissé est très fréquenté en haute saison, grâce à une carte allant des burgers aux pizzas, en passant par le filet d'agneau – armez-vous de patience, car il ne prend pas de réservations. Les gâteaux sont irrésistibles ; mention spéciale à celui à la meringue islandaise. Non loin de la Smiðjan Brugghús (p. 118). (487 1202 ; www.halldorskaffi.is ; Víkurbraut 28 ; plats 2 690-5 000 ISK ; 12h-21h)

Musée des Arts et Traditions populaires de Skógar (p. 113)

### Eldstó Art Café

CAFÉ €€

Café fraîchement torréfié, formules du jour (pain plat islandais avec agneau fumé, et chocolat chaud à 1 350 ISK), plats plus consistants (souris d'agneau rôtie lentement ou saumon au four), burgers, salades, gâteaux maison à 3 étages… Plusieurs tables dans un espace douillet. À côté du centre LAVA (p. 112). (☎482 1011 ; www.eldsto.is ; Austurvegur 2, Hvolsvöllur ; plats 2 450-3 790 ISK ; 🕒12h-22h)

### Black Beach Restaurant

CAFÉ €€

11 PLAN P. 110, D5

Ce café-restaurant moderne se distingue par une architecture cubique en pierre noire volcanique, évoquant la plage noire de Reynisfjara voisine et ses célèbres colonnes de basalte. Il sert des gâteaux et en-cas maison dans la journée, ainsi que des *fish and chips*, des soupes et des salades de poulet. Les baies vitrées donnent sur l'océan et Dyrhólaey. (Svarta Fjaran ; ☎571 2718 ; www.svartafjaran.com ; Reynisfjara, Rte 215 ; en-cas 950 ISK, plats dîner 2 500-3 200 ISK ; 🕒tte l'année, horaires variables selon la saison ; wifi)

## Prendre un verre

### Smiðjan Brugghús

MICROBRASSERIE

12 PLAN P. 110, D5

Cet établissement aux airs d'entrepôt aux murs gris, avec des fenêtres donnant sur la salle de brassage, est l'adresse la plus branchée de Vík. Dix bières artisanales à la pression sont

Le Black Beach Restaurant

### En selle !

Importé par les Vikings, le cheval islandais (*Equus scandinavicus*), petit et résistant, est parfaitement adapté aux conditions difficiles du pays. Il possède cinq allures, dont le *tölt*, un galop. Dans le Sud, et en particulier autour d'Hella et de Hvolsvöllur, et entre Skógar et Vík, de nombreuses fermes équestres organisent des promenades et des randonnées de plusieurs jours ; la plupart proposent aussi l'hébergement. Comptez de 8 000 à 9 000 ISK pour une sortie de 1 heure, et à partir de 25 000 ISK pour une journée – rabais possibles pour les groupes.

Vous pourrez notamment contacter **Skeiðvellir** (Icelandic Horse World ; ☎487 6572, équitation 899 5619 ; www.skeidvellir.is ; Rte 26, ferme de Skeiðvellir ; visite écurie tarif plein/enfant 2 000 ISK/gratuit, sortie à cheval 1/2 heures 9 500/15 000 ISK) ; **Eldhestar** (☎480 4800 ; www.eldhestar.is/#tours ; Vallavegur, près de Hringvegur ; sortie 1 heure tarif plein/enfant à partir de 8 500/6 800 ISK) ; **Sólhestar** (☎892 3066 ; www.solhestar.is ; Borgargerði, Ölfus, près de Hvammsvegur/la Rte 374 ; sortie 1/2 heures à partir de 9 000/12 000 ISK) ; et **Hekluhestar** (☎869 8953 ; www.hekluhestar.is ; Austvaðsholt ; randonnée de plusieurs jours à partir de 275 000 ISK), spécialiste des circuits de plusieurs jours.

annoncées sur des tableaux noirs. Les férus de houblon goûteront une IPA islandaise, une pale ale, une porter ou une ale fermière, à accompagner de burgers (une option vegan). (www.smidjanbrugghus.is ; Sunnubraut 15 ; 🕒12h-22h)

## Shopping

### Una Local Products — ARTISANAT

Ce grand hangar situé sur la Route circulaire près du centre LAVA (p. 112) regorge d'objets artisanaux islandais de toutes sortes : porte-monnaie en peau de poisson, pulls en laine, bijoux, articles en cuir, etc. (Sveitabúðin Una ; ☎544 5455 ; www.unalocalstore.is ; Austurvegur 4, Hvolsvöllur ; 🕒13h-16h30 mar-mer, 12h-16h30 jeu-ven, 12h-16h sam ; Wi-Fi)

### Icewear — CADEAUX ET SOUVENIRS

13 PLAN P. 110, D5

À côté de la station-essence N1, l'immense boutique de souvenirs/magasin de tricot de la marque Icewear est la halte obligée des cars de tourisme. La partie usine laisse entrevoir la fabrication de vêtements en laine. Souvenirs islandais à foison ; repas à l'Ice Cave Restaurant. (☎585 8522 ; www.icewear.is ; Austurvegur 20, Vík ; 🕒9h-21h)

Vaut le détour

# Jökulsárlón

*La lagune glaciaire de Jökulsárlón offre un spectacle magique : elle est parsemée d'icebergs d'un bleu lumineux, dérivant vers l'océan après s'être détachés du glacier Breiðamerkurjökull, appendice de la calotte glaciaire du Vatnajökull. Certaines sculptures de glace, miroitant dans la lumière changeante, sont zébrées des cendres d'éruptions volcaniques. Des merveilles à admirer à l'occasion d'une sortie en bateau ou à pied depuis la rive, en guettant les phoques.*

## Comment y aller

Être motorisé permet de passer la nuit sur place.

De Reykjavík, les bus Sterna n°12/12a et Stræto n°51 circulent toute l'année. Le bus n°15 de Reykjavík Excursions relie Skaftafell et Jökulsárlón en juillet et août.

## La lagune

La lagune, dont on pourrait croire qu'elle date de la dernière période glaciaire, ne s'est formée qu'il y a 80 ans environ. Jusqu'au milieu des années 1930, le Breiðamerkurjökull atteignait la Route circulaire ; il recule désormais à une vitesse stupéfiante (jusqu'à 500 m par an) et la lagune grandit en conséquence. Certains icebergs flottent jusqu'à cinq ans dans la lagune de 25 km$^2$ et 260 m de profondeur, avant de dériver jusqu'à l'océan.

## Sorties en bateau

Vous pourrez vous offrir une sortie mémorable à bord d'un bateau amphibie avec **Glacier Lagoon Tours** (☎ 478 2222 ; icelagoon.is ; 40 min tarif plein/enfant 5 900/2 900 ISK ; ⏲10h-17h avr-mai et sept-nov, 9h-19h juin-août) – cet engin avance lentement sur le rivage, comme un bus, avant d'entrer dans l'eau. La même compagnie propose aussi des sorties en Zodiac, tout comme **Ice Lagoon Tours** (☎ 860 9996 ; www.icelagoon.com ; adulte/enfant 9 900/6 500 ISK ; ⏲9h30-17h30 juin à sept) : vous filerez très vite jusqu'au bord du glacier (ce qui n'est pas le cas avec un bateau amphibie), avant de revenir lentement. Réservez.

## Faune

Ouvrez l'œil pour essayer d'apercevoir des phoques sortant le nez de l'eau entre les icebergs scintillants. Les sternes arctiques nichent sur le rivage de la lagune, ainsi que sur certains des plus gros blocs de glace.

## Embouchure de la Jökulsá

Joli spectacle, à l'embouchure de la rivière sur la **plage des Diamants**, que ces blocs de glace qui s'échouent sur le sable noir, dernière étape avant leur voyage final vers l'océan.

### ★ À savoir

- Jökulsárlón est à 375 km de Reykjavík (4 heures 30).
- La fréquentation est moindre le soir.
- Depuis les aires de stationnement sur la Route circulaire, des sentiers rejoignent des rives moins fréquentées.
- Les bateaux amphibies sortent d'avril à octobre.
- Oubliez les toilettes installées sur place.
- Non loin : rando glaciaire dans le parc national du Vatnajökull (p. 112) et ascension du **Hvannadalshnúkur** (☎ Reykjavík 587 9999 ; www.mountainguides.is).

### ✕ Une petite pause ?

**Café** (en-cas 900-1 200 ISK ; ⏲9h-19h juin-sept, 9h-18h mars-mai et oct, 9h-17h nov-fév) au bord de la lagune.

Hot dogs et roulés (1 800 ISK) à la langoustine à l'**Heimahumar** (⏲11h30-17h mai-oct).

Bons *fish and chips* au **Nailed It** (repas 1 900 ISK ; ⏲12h-17h00 lun-ven).

Explorer

# La péninsule de Snæfellsnes

*Fjords miroitants, pics volcaniques, falaises abruptes, vastes plages dorées et coulées de lave forment l'incroyable paysage de la péninsule de Snæfellsnes, longue de 100 km. La région est couronnée par l'étincelante calotte glaciaire du Snæfellsjökull, immortalisée par Jules Verne dans le* Voyage au centre de la Terre. *De bonnes routes et des bus réguliers font de ce condensé du meilleur de l'Islande une destination d'excursion facile depuis Reykjavík.*

*Commencez par la jolie bourgade de Stykkishólmur, en découvrant son riche passé maritime à la Norska Húsið (p. 127) ou en partant observer les baleines sur le Breiðafjörður (p. 127). Faites un saut sur l'île basaltique de Súgandisey (p. 127), et régalez-vous de moules au Sjávarpakkhúsið (p. 130) ou de délices boulangers au Nesbrauð (p. 130). Après une pause photo devant l'emblématique Kirkjufell (p. 127), direction le parc national du Snæfellsjökull (p. 124) et le tunnel de lave de Vatnshellir (p. 128). Flânez sur le sable noir de la plage de Djúpalón (p. 128), admirez le phare de Malarrif (p. 128) et terminez par un bon repas au restaurant du Fosshotel Hellnar (p. 130).*

## Comment y aller et circuler

La meilleure option.

Depuis Reykjavík, changez à Borgarnes por rejoindre la péninsule de Snæfellsnes (4 140 ISK, 2 heures 30). De mi-mai à mi-septembre, les bus Strætó relient chaque jour Borgarnes à Stykkishólmur (bus n°58), et Stykkishólmur à Arnarstapi, via Hellissandur (bus n°82) – fréquence réduite en hiver.

Carte de la péninsule de Snæfellsnes p. 126

Stykkishólmur (p. 127) JEAFISH PING/SHUTTERSTOCK ©

Les incontournables

# Parc national du Snæfellsjökull

*Le parc national du Snæfellsjökull englobe une grande partie de la pointe ouest de la péninsule de Snæfellsnes, notamment les pentes accidentées du glacier du Snæfellsjökull, qui s'étend au bout du long doigt de la péninsule. À ses pieds, des tunnels de lave et des champs de lave protégés abritent une faune endémique. On y vient pour randonner, et pour observer oiseaux et baleines.*

PLAN P. 126, B3

436 6860

www.snaefellsjokull.is

## Centre des visiteurs et randonnées

Le **centre des visiteurs du parc national du Snæfellsjökull** (Gestastofa ; ☎591 2000, 436 6888 ; ⏲12h-16h mai, 10h-16h30 juin-août, 12h-16h sept ; wifi), à Malarrif, vend des cartes (gratuites en ligne) et renseigne sur le parc et les randonnées (comme les offices du tourisme). Les *rangers* proposent des circuits gratuits en été.

## Le Snæfellsjökull

Rien d'étonnant à ce que Jules Verne ait choisi le Snæfell pour cadre du *Voyage au centre de la Terre* : le pic fut détruit par l'explosion d'un volcan sous-jacent qui s'affaissa dans sa chambre magmatique, formant une caldeira dans laquelle s'étend le *jökull* ("glacier" ; point culminant 1 446 m). Vous pourrez la gravir au cours d'un circuit organisé depuis Hellnar ou Arnarstapi ; des agences proposent des navettes depuis Reykjavík.

## Öndverðarnes

À la pointe ouest de la péninsule de Snæfellsnes, une ancienne coulée de lave ondule jusqu'à la péninsule d'Öndverðarnes, excellent site d'**observation des baleines**. Depuis le dernier parking (repérez le phare orange), marchez pour atteindre le bout de la péninsule ou faites 200 m vers le nord-est jusqu'au **Fálkí**, un puits dont on disait jadis qu'il donnait de l'eau douce, de l'eau bénite et de la bière ! Les **falaises aux oiseaux de Svörtuloft** (Saxhólsbjarg) sont plus au sud.

## Les plages de Djúpalón et Dritvík

Sur la côte sud-ouest, la spectaculaire plage de sable noir de **Djúpalón** (Djúpalónssandur ; p. 128) offre une belle promenade. En grimpant le promontoire accidenté, vers le nord, on atteint les ruines de **Dritvík**, qui fut jadis le plus important port de pêche d'Islande.

### ★ À savoir

- Habillez-vous chaudement, et prévoyez des gants et des chaussures de randonnée pour la visite guidée (45 min) du tunnel de lave de Vatnshellir (p. 128).
- Sur la côte nord de la péninsule, Stykkishólmur, la plus grande ville de la région, est un point de chute pratique.
- Il est interdit de faire l'ascension du glacier sans guide : contactez le centre des visiteurs du parc national du Snæfellsjökull ou participez à un circuit organisé.

### ✕ Une petite pause ?

Le Fjöruhúsið (p. 130) sert des soupes et du café avec vue sur l'eau et les falaises aux oiseaux.

Nos adresses
Les incontournables p. 124
Voir p. 127
Se restaurer p. 129
Sortir p. 131
Shopping p. 131
Voir agrandissement
Flatey (18 km) et Brjánslækur (30 km)
Stykkishólmur
Breiðafjörður
Súgandisey
Helgafell (73 m)
Skjöldur
Vatnaleið
Búðardalur (50 km)
Berserkjahraun
Drápuhlíðarfjall (527 m)
Selvallavatn
Kerlingarfjall (585 m)
Ljósufjöll
Hraunsfjarðarvatn
Kerlingarskarð
Baulárvallavatn
Búlandshöfði
Kirkjufell
Grundarfjörður
Láki Tours
Helgrindudr (986 m)
Þorgeirsfell
Péninsule de Snæfellsnes
Hólsfjall
Miðhraun
Vegamót
Harfursfell (722 m)
Stakkhamar
Borgarnes (65 km) et Reykjavík (137 km)
Haffjörður
Faxaflói
Ytri-Tunga
Lýsuhólslaug
Lýsuhóll
Búðir
Búðavík
Buðahraun
Búðaklettur (88 m)
Stóri Kambur
Mælifell
Fróðarheiði
Snæfellsjökull Glacier Tours
Snæfellsjökull (1 446 m)
Rauðfeldsgjá
Go West!
Breiðavík
Stapafell (526 m)
Arnarstapi
Hellnar
Malarrif
Plage de Djúpalón
Dritvík
Détroit du Danemark
Parc national du Snæfellsjökull
Cratère de Saxhöll
Klukkufoss
Neshraun
Eysteinsdalur
Búrfell
Ólafsvík
Skarðsvík
Hellissandur
Rif
Landeyjarsund
Hafnargata
Sæbraut
Seatours
Norska Húsið
Austurgata
Frúarstígur
Musée des Volcans
Skólastígur
Aðalgata
Maðkavík
0 200 m
0 10 km

# Voir

## Norska Húsið

MUSÉE

1 PLAN P. 126, A1

Stykkishólmur doit une bonne part de son charme à son port bordé d'entrepôts, de boutiques et de maisons en bois. La plupart datent d'il y a 150 ans. La Norska Húsið, l'un des bâtiments les plus anciens, fut bâtie en 1832 par le marchand Árni Thorlacius, astronome à ses heures. Cette "Maison norvégienne", judicieusement aménagée en musée, abrite une collection éclectique. À l'étage, le domicile d'Árni, avec son mobilier d'origine, témoigne des demeures de la haute société islandaise du XIXe siècle. (433 8114 ; Hafnargata 5 ; tarif plein/enfant 1 350 ISK/gratuit ; 11h-17h tlj mai-août, 14h-16h mar-ven sept-avr)

## Musée des Volcans

MUSÉE

2 PLAN P. 126, A1

Ce musée fondé par le vulcanologue Haraldur Sigurðsson réunit des œuvres d'art sur le thème volcanique et une petite collection scientifique issue d'éruptions (avec des bombes volcaniques). Un film est projeté à l'étage. (Eldfjallasafn ; 433 8154 ; www.eldfjallasafn.is ; Aðalgata 8 ; tarif plein/enfant 1 000 ISK/gratuit ; 13h-17h tlj)

## Breiðafjörður

SITE NATUREL

3 PLAN P. 126, F1

La péninsule dentelée de Stykkishólmur s'avance vers le nord dans le Breiðafjörður, un superbe bras de mer séparant la péninsule de Snæfellsnes des falaises des fjords de l'Ouest. Une légende veut que deux choses au monde ne puissent être comptées : les étoiles et les îles de la baie. Vous pourrez contempler des paysages peuplés d'oiseaux (macareux, aigles, guillemots...). Des excursions en bateau pour observer les baleines et les macareux partent de Stykkishólmur, Grundarfjörður ou Ólafsvík.

## Súgandisey

ÎLE

4 PLAN P. 126, F1

Un phare pittoresque se dresse sur cette île basaltique, d'où se déploie un large panorama du Breiðafjörður. On y accède par une jetée en pierre depuis le port de Stykkishólmur.

## Kirkjufell

MONTAGNE

5 PLAN P. 126, D2

Le Kirkjufell (463 m), qui veille sur Grundarfjörður depuis le nord-ouest, forme l'un des paysages les plus

### Stykkishólmur

La charmante bourgade de **Stykkishólmur** (plan p. 126, E1 ; www.visitstykkisholmur.is) est bâtie autour d'un port naturel protégé par un îlot de basalte. Ponctuée d'édifices du XIXe siècle colorés, marquée par une ambiance décontractée et dotée d'un bon choix de restaurants et d'hébergements, c'est une excellente base.

## Circuits organisés

**Go West!** (plan p. 126, C3 ; Arnarstapi ; 793 5519 ; www.gowest.is). Vélo ; randonnées et circuits (sources chaudes et glaciers) écoresponsables.

**Láki Tours** (plan p. 126, D2 ; 546 6808 ; www.lakitours.com ; Nesvegur 5, Grundarfjörður). Observation des macareux et des baleines ; sorties pêche depuis Grundarfjörður ou Ólafsvík.

**Lýsuhóll** (plan p. 126, D3 ; 435 6716 ; www.lysuholl.is). Randonnées équestres dans le sud de la péninsule de Snæfellsnes. Contactez également **Stóri Kambur** (plan p. 126, C3 ; 852 7028 ; www.storikambur.is ; Rte 574 ; fin mai à mi-sept).

**Seatours** (Sæferðir ; plan p. 126, B1 ; 433 2254 ; www.seatours.is ; Smiðjustígur 3, Stykkishólmur ; 8h-20h mi-mai à mi-sept, 9h-17h le reste de l'année). Sorties en bateau, dont le fameux circuit "Viking Sushi".

**Snæfellsjökull Glacier Tours** (plan p. 126, C3 ; 865 0061 ; www.theglacier.is ; Litli-Kambur ; tour en dameuse tarif plein/enfant 7 900/5 000 ISK, tour en motoneige 18 000 ISK ; mai-août). Excursions en dameuse ou en motoneige.

**Summit Adventure Guides** (787 0001 ; www.summitguides.is). Visites du tunnel de lave de Vatnshellir.

photographiés d'Islande – les fans de *Game of Thrones* le reconnaîtront. Pour en faire l'ascension, adressez-vous au **Saga Center** (Sögumiðstöðin Grundarfirði ; 438 1881 ; www.grundarfjordur.is ; Grundargata 35 ; 13h-17h lun-jeu). Vous devrez être encordé pour franchir deux passages ; il serait dangereux de s'y aventurer sans assistance après la pluie et sans une bonne connaissance du terrain. Derrière le Kirkjufell, admirez les chutes d'eau de **Kirkjufellsfoss**.

### Plage de Djúpalón

PLAGE

6 PLAN P. 126, B3

Sur la côte sud-ouest, la Route 572, qui part de la Route 574, mène à la spectaculaire plage de sable noir de Djúpalón (Djúpalónssandur). On peut y faire de belles promenades en passant devant des formations rocheuses (une église elfique et un **kerling**, ou femme troll), deux bassins saumâtres (auxquels la plage doit son nom) et l'arche en pierre de **Gatklettur**. Certaines portions sont jonchées de fragments rouillés de l'*Eding*, un chalutier anglais qui s'échoua ici en 1948. Toilettes publiques et parking goudronné sur place ; la plage connaît un fort afflux touristique (notamment des bus).

### Malarrif

PHARE

7 PLAN P. 126, B4

À environ 2 km au sud de Djúpalónssandur, une route bitumée descend au phare de Malarrif, en forme de fusée, d'où l'on peut longer les falaises à pied sur 1 km vers l'est jusqu'aux étonnantes colonnes rocheuses de **Lóndrangar** (un cratère érodé, avec un parking aménagé près de la Rte 574). Une croyance locale veut que ces formations de lave servent d'église aux elfes. Un peu plus à l'est, les **falaises aux oiseaux de Þúfubjarg** sont également accessibles depuis la Rte 574. (gratuit)

## Se restaurer

### Bjargarsteinn Mathús

PRODUITS DE LA MER **€€**

8 PLAN P. 126, D2

Une adresse tenue par des restaurateurs chevronnés, à Grundarfjörður. Résultat : un menu convaincant de spécialités islandaises, mettant l'accent sur les produits de la mer et les ingrédients frais. Les desserts conjuguent saveurs et esthétique. Le menu change au fil des saisons. Le beau point de vue sur le Kirkjufell est un atout supplémentaire. (☎ 438 6770 ; www.facebook.com/Bjargarsteinnrestaurant ; Sólvellir 15 ; plats 2 800-4 900 ISK ; 18h-21h30 mer-dim ; wifi)

### Narfeyrarstofa

ISLANDAIS **€€**

9 PLAN P. 126, B1

Ce charmant restaurant de Stykkishólmur est *la* table gastronomique de la péninsule de Snæfellsnes. Réservez à l'étage pour dîner à la lumière douce de lampes anciennes avec vue sur le port. Demandez au serveur de vous parler des portraits au mur : l'histoire

Plage de Djúpalón (p. 128)

PAUL TIPTON/SHUTTERSTOCK ©

du bâtiment est intéressante. (533 1119 ; www.narfeyrarstofa.is ; Aðalgata 3, Stykkishólmur ; plats 2 000-5 000 ISK ; 12h-22h mai-sept, horaires réduits oct-avr ; )

### Fjöruhúsið PRODUITS DE LA MER, CAFÉ €€

10 PLAN P. 126, B3

À Hellnar, suivez le chemin empierré jusqu'au rivage pour déguster la soupe de poisson du pittoresque Fjöruhúsið, joliment situé. Proche des falaises aux oiseaux, là où part le beau sentier Hellnar-Arnarstapi, il sert aussi du café dans de la belle porcelaine ancienne. (435 6844 ; www.facebook.com/FjoruhusidHellnum ; gâteaux et tartes 950 ISK, plats 2 500-2 800 ISK ; 11h-18h juin-août, horaires réduits mars-mai et sept-nov)

### Restaurant du Fosshotel Hellnar ISLANDAIS €€

11 PLAN P. 126, B3

Même si vous ne logez pas sur place, à Hellnar, ce restaurant est recommandé pour sa savoureuse cuisine islandaise à base de produits bio et locaux. En dessert, le gâteau au *skyr* (yaourt islandais) est divin. Réservez. (435 6820 ; plats dîner 3 800-5 000 ISK ; 18h-22h mars-nov ; P )

### Sjávarpakkhúsið ISLANDAIS €€

12 PLAN P. 126, A1

À Stykkishólmur, cette ancienne usine de conditionnement de poisson accueille aujourd'hui un bar tout habillé de bois flanqué d'une terrasse sur le port. Les moules bleues de la baie sont la spécialité de la maison ; l'endroit est aussi agréable pour une pause en fin de journée. Les gens du coin aiment s'y retrouver les soirs de fin de semaine. (438 1800 ; www.sjavarpakkhusid.is ; Hafnargata 2, Stykkishólmur ; plats 1 990-3 890 ISK ; 18h-22h, jusqu'à 23h sam ; )

### Nesbrauð BOULANGERIE €

13 PLAN P. 126, E1

À l'entrée de Stykkishólmur, une bonne adresse pour le petit-déjeuner ou un déjeuner rapide. Goûtez les douceurs comme les *kleinur* (sorte de bugnes) et les *ástar pungur* ("boulettes d'amour" ; pâte frite aux raisins secs). (438

## D'Arnarstapi à Hellnar, une belle balade

De nombreux itinéraires pédestres, détaillés sur les cartes de randonnée, relient les sites de la péninsule de Snæfellsnes. L'un des plus beaux et des plus fréquentés est l'étroit sentier côtier de 2,5 km (40 min) entre Hellnar et Arnarstapi. Suivant la côte déchiquetée, il traverse une réserve naturelle, en passant par des champs de lave et des grottes : par gros temps, les vagues claquent sur les arches de pierre ; s'il fait beau, on peut voir les oiseaux marins dans leur nid.

### Effort et réconfort

Sur la péninsule de Snæfellsnes, on peut gravir le **Saxhöll** (plan p. 126, B3 ; Rte 574), un cratère de scories situé en bord de route, d'où provient une partie de la lave que l'on voit dans la région. La montée ardue de 300 m conduit à un point de vue superbe sur les vastes coulées de lave de Neshraun. Vous pourrez ensuite rejoindre, vers l'est, **Lýsuhólslaug** (plan p. 126, D3 ; ☎433 9917 ; lysuholslaug@gmail.com ; adulte/enfant 1 000/300 ISK ; 11h-20h30 juin à mi-août), pour vous baigner dans une eau pétillante et riche en minéraux, qui jaillit à 37 ou 39°C. Ne soyez pas rebuté par le vert terreux : sa richesse en fer fait le bonheur des algues.

1830 ; www.facebook.com/nesbraudehf ; Nesvegur 1, Stykkishólmur ; en-cas 400-1 200 ISK ; 7h30-16h lun-ven, 8h-16h sam-dim)

### Hraun

INTERNATIONAL €€

14 PLAN P. 126, B2

Dans la rue principale d'Ólafsvík, ce sympathique établissement occupe un bâtiment en bois doté d'une grande terrasse. Seul salut ici en dehors du fast-food, il sert de l'agneau, des moules, des burgers, du poisson et de la bière à la pression. (☎431 1030 ; www.raunrestaurant.com ; Grundarbraut 2, Ólafsvík ; plats 2 900-5 900 ISK ; 11h30-21h dim-jeu, jusqu'à 22h ven-sam ; )

## Sortir

### Freezer Hostel

AUBERGE DE JEUNESSE

15 PLAN P. 126, B2

Dans une ancienne usine de poisson du village de Rif, cette adresse décalée abrite d'austères dortoirs (4, 6 et 8 lits) et une salle de spectacle. Elle offre une riche programmation en été (voir le site Web), avec théâtre, contes et musique. Loue aussi 2 appartements à Hellissandur. (☎833 8200 ; www.thefreezerhostel.com ; Hafnargata 16, Rif ; )

## Shopping

### Leir 7

ART ET ARTISANAT

16 PLAN P. 126, A2

Dans son atelier au cœur de Stykkishólmur, Sigríður Erla fabrique de belles céramiques à partir de l'argile noire du fjord. Articles en laine réalisés par Lára Gunnarsdóttir (www.smavinir.is) également. (☎894 0425 ; www.leir7.is ; Aðalgata 20, Stykkishólmur ; 14h-17h lun-ven, jusqu'à 16h sam)

### Gallerí Lundi

ARTISANAT

17 PLAN P. 126, A1

De l'artisanat local vendu par de sympathiques villageois de Stykkishólmur. Sert aussi du café. (☎893 5588 ; Aðalgata 4a, Stykkishólmur ; 12h30-18h mai-sept)

Explorer

# Borgarnes et ses environs

*Modeste bourgade, Borgarnes n'en est pas moins bien vivante. Chargée d'histoire – ce fut l'une des premières zones de peuplement du pays –, elle se tient sur un joli promontoire s'avançant dans les eaux du Borgarfjörður. En remontant la vallée parcourue de rivières, on découvre des fermes à la longue histoire, puis les hautes terres aux imposants tunnels de lave, au-delà desquelles s'étendent des calottes glaciaires.*

*Passez la matinée à Borgarnes, pour en apprendre plus sur les Vikings qui colonisèrent l'Islande et l'épique* Saga d'Egill *au Settlement Center (p. 134), avant de visiter les sites locaux associés aux sagas, comme la ferme d'Egill. Déjeunez à l'excellent restaurant du musée (p. 139) ou rendez-vous au café Englendingavík (p. 140), au bord de l'eau, pour un repas simple avec une belle vue. Dans les terres, admirez l'énorme glacier du Langjökull (p. 137) ou le tunnel de lave de Viðgelmir (p. 137), le plus grand d'Islande. Pour dîner, direction l'élégant Hótel Húsafell (p. 140), avant d'aller faire trempette dans le fabuleux complexe thermal de Krauma (p. 137 ; ouvert jusqu'à 23h en été).*

## Comment y aller et circuler

🚗 Pour une plus grande liberté.

🚌 Borgarnes est le principal point de correspondance entre Reykjavík et la péninsule de Snæfellsnes. Le bus Strætó n°57 relie Borgarnes à Reykjavík et le n°58 dessert Stykkishólmur. Prenez le bus n°82 pour poursuivre vers Hellissandur et, de début mai à mi-septembre, Arnarstapi. Les liaisons sont moins fréquentes en hiver.

**Carte de Borgarnes et ses environs p. 136**

Borgarnes DAVE PORTER/GETTY IMAGES ©

Les incontournables

## Settlement Center

*Le village de Borgarnes et son fjord, le Borgarfjörður, virent débarquer plusieurs colons qui marquèrent l'histoire de l'Islande. Aménagé dans un entrepôt ingénieusement restauré à côté du port, l'incontournable musée de la Colonisation retrace leur arrivée et fait revivre les aventures du célèbre guerrier et poète Egill Skallagrímsson (héros de la Saga d'Egill) et de sa famille.*

PLAN P. 136, B4

Landnámssetur Íslands

437 1600

www.landnam.is

Brákarbraut 13-15

Tarif plein/enfant
2 500 ISK/gratuit

10h-21h

## La colonisation

Le remarquable Settlement Center aborde en profondeur l'histoire, la faune et la flore islandaises, et offre un prélude idéal à une exploration de l'île. Observez notamment l'amusante carte interactive, retraçant les incursions des premiers colons. L'audioguide (disponible en français) relate les difficultés de ces premiers Islandais.

## La Saga d'Egill

La *Saga d'Egill* est l'une des plus nuancées et des plus haletantes du genre. À travers des supports artistiques et des dioramas, la section qui lui est consacrée fait le récit de l'installation du guerrier et poète Egill Skallagrímsson et de sa famille dans la région de Borgarnes, et des événements qui firent d'Egill un homme aussi sensible que redoutable, de sa rivalité meurtrière avec son père à la mort de ses fils.

## La saga dans la ville

Pour découvrir l'histoire des sites associés à la saga dans la région, vous pouvez suivre sur l'application Locatify SmartGuide le circuit *Borg on the Moors*. Le musée a installé des cairns au niveau des lieux référencés, comme **Brákin**, Borg á Mýrum (la ferme d'Egill) et **Skallagrímsgarður**, le tertre funéraire du père et du fils du héros.

## La ferme d'Egill

C'est sur le site de **Borg á Mýrum** ("Rocher dans les marécages ; Rte 54 ; gratuit), au nord-ouest de Borgarnes par la Route 54, que Skallagrímur Kveldúlfsson, le père d'Egill, installa sa ferme. Le lieu doit son nom au gros **rocher** (*borg*) situé derrière. On peut marcher jusqu'au **cairn** pour admirer la vue et visiter le petit **cimetière** où une stèle est gravée de runes. Une **sculpture** d'Ásmundur Sveinsson représente Egill pleurant ses fils et sa renaissance par la poésie.

### ★ À savoir

- Le musée comporte deux sections, qui nécessitent chacune 30 minutes environ. Le billet coûte 1 900/2 500 ISK pour 1/2 sections (tarif plein).
- L'entrée est gratuite pour les moins de 14 ans.
- L'audioguide (au riche contenu) est compris.
- Gardez du temps pour explorer les sites locaux associés à la *Saga d'Egill*.
- En été, réservez pour dîner au restaurant du musée.

### Une petite pause ?

L'excellent restaurant du Settlement Center (p. 139), creusé dans la pierre, sert une cuisine islandaise moderne.

Si vous préférez flâner dans le village, rejoignez le sympathique café Englendingavík (p. 140), pour une ambiance plus décontractée devant une belle vue marine.

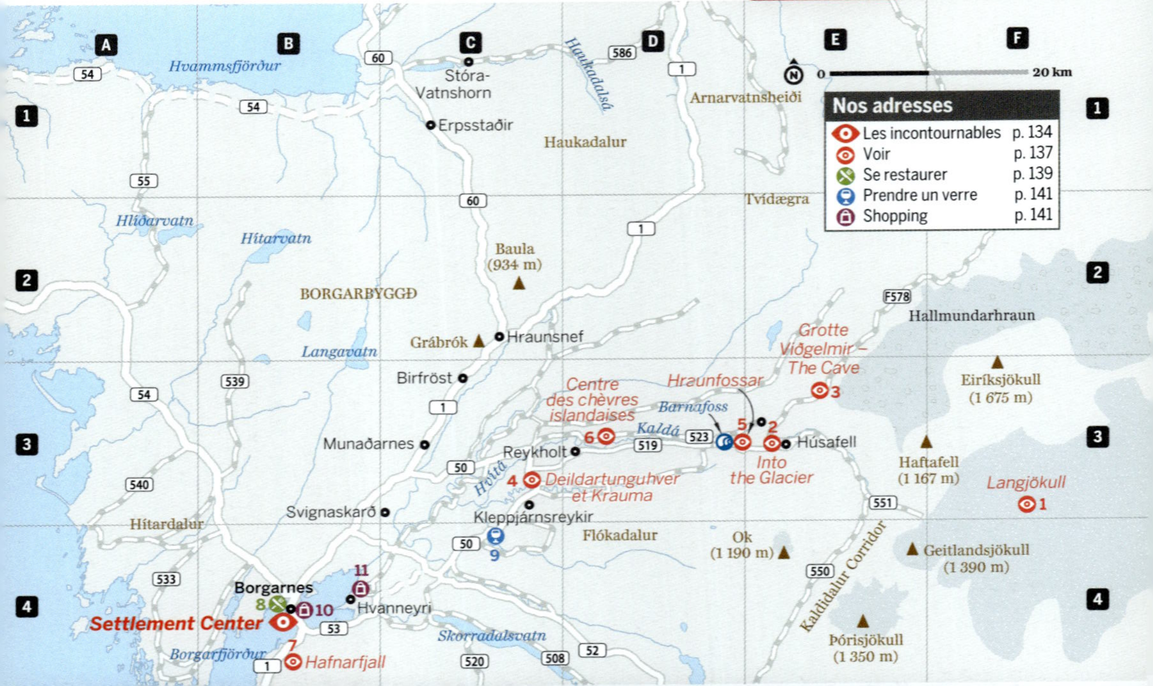
Nos adresses
Les incontournables p. 134
Voir p. 137
Se restaurer p. 139
Prendre un verre p. 141
Shopping p. 141
0
20 km
A
B
C
D
E
F
1
2
3
4
Hvammsfjörður
Stóra-Vatnshorn
Erpsstaðir
Haukadalsá
Haukadalur
Arnarvatnsheiði
Tvídægra
Hlíðarvatn
Hítarvatn
Baula (934 m)
BORGARBYGGÐ
Langavatn
Grábrók
Hraunsnef
Birfröst
Munaðarnes
Svignaskarð
Hítardalur
Borgarnes
8
10
11
Hvanneyri
Settlement Center
7
Hafnarfjall
Borgarfjörður
Skorradalsvatn
Reykholt
Hvítá
4
Deildartunguhver et Krauma
Kleppjárnsreykir
9
Flókadalur
Centre des chèvres islandaises
6
Kaldá
Barnafoss
Hraunfossar
5
2
Húsafell
Into the Glacier
Grotte Víðgelmir – The Cave
3
Ok (1 190 m)
Kaldidalur Corridor
Þórisjökull (1 350 m)
Hallmundarhraun
Eiríksjökull (1 675 m)
Haftafell (1 167 m)
Langjökull
1
Geitlandsjökull (1 390 m)
54
55
60
586
1
539
540
533
50
519
523
53
520
508
52
550
551
F578

# Voir

## Langjökull GLACIER

1 PLAN P. 136, F3

La calotte glaciaire du Langjökull est le deuxième glacier d'Islande par la taille et le grand glacier le plus proche de Reykjavík. N'essayez pas de le gravir par vos propres moyens. Des circuits en 4×4, qui empruntent les pistes de Kaldidalur ou de Kjölur, sont proposés au départ de Reykjavík ou d'Húsafell (le village le plus proche) ; les grottes du site Into the Glacier constituent une attraction majeure. **Mountaineers of Iceland** (580 9900 ; www.mountaineers.is) organise des sorties en motoneige ; **Dog Sledding** (863 6733 ; www.dogsledding.is ; à partir de 24 900 ISK) propose parfois des promenades en traîneau à chiens en été.

## Into the Glacier GROTTES DE GLACE

2 PLAN P. 136, E3

Une immense galerie (300 m) et une série de grottes creusées par l'homme conduisent au cœur du Langjökull, à 1 260 m au-dessus du niveau de la mer, au fil d'un réseau scintillant éclairé par des LED. On y trouve des expositions, un café et une chapelle – où des mariages ont lieu. Des excursions sont organisées depuis Húsafell ou le bord du glacier (tarif plein/enfant 20 900 ISK/gratuit), et Reykjavík (29 900 ISK). Également : excursions combinées (avec motoneige, hélicoptère, circuit du Cercle d'or...). (578 2550 ; www.intotheglacier.is)

## Grotte Viðgelmir – The Cave GROTTE

3 PLAN P. 136, E3

Ce tunnel de lave, le plus accessible et le plus grand d'Islande, se trouve sur un terrain privé près de la ferme de Fljótstunga. Vieux de onze siècles et long de 1,5 km, il présente des formations de glace scintillantes et changeantes. On le parcourt sur une passerelle stable, dans le cadre de visites guidées (horaires sur le site Web). Casques et lampes torches fournis. (783 3600 ; www.thecave.is ; Rte 518 ; visite tarif plein/enfant à partir de 7 000 ISK/gratuit)

## Deildartunguhver et Krauma THERMALISME

4 PLAN P. 136, C3

La source chaude de Deildartunguhver, la plus grande d'Europe, se trouve à environ 5 km à l'ouest de Reykholt, en retrait de la Route 50, non loin de l'intersection avec la Route 518. Des volutes de vapeur s'élèvent au-dessus d'une eau jaillissant à 100°, à raison de 180 l/seconde.

La source alimente le complexe thermal de Krauma, moderne et en plein air, doté de 5 *hot pots* (différentes températures), d'un bain froid, de 2 hammams et d'une salle de relaxation. Le bistrot attenant sert des plats islandais (2 700-3 800 ISK). (555 6066 ; www.krauma.is ; Deildartunguhver, Rte 50 ; tarif plein/enfant 4 500/300 ISK ; 11h-21h)

## Aurores boréales

Les aurores boréales attirent tels des aimants d'innombrables visiteurs qui affrontent le froid en croisant les doigts, les yeux rivés vers le ciel nocturne.

### Le phénomène

Les Inuits pensaient qu'il s'agissait des âmes des défunts ; dans le folklore scandinave, elles sont décrites comme les esprits des femmes restées célibataires. La science moderne offre une autre explication.

Les fabuleux voiles de couleur qui traversent la nuit nordique sont créés par le vent solaire, un flot de particules provenant du Soleil qui entre en collision avec l'oxygène, le nitrogène et l'hydrogène de la haute atmosphère. Ces collisions produisent les traînées vertes et magenta lorsque le champ magnétique terrestre attire le vent vers les pôles.

### Où et comment les observer

De nombreux voyagistes proposent des "excursions aurores boréales" (en bateau, en jeep ou en bus) ; ils se contentent de vous conduire dans des zones sans trop de pollution lumineuse ni couverture nuageuse, pour augmenter vos chances d'admirer le phénomène. Vous pouvez aisément partir seul, mais ne prenez pas de risque si vous n'avez pas l'habitude de conduire sur neige la nuit.

Privilégiez les zones d'observation connues autour de Reykjavík (le phare de Grótta à Seltjarnarnes ou la colline d'Öskjuhlíð, par exemple) ou réservez quelques nuits dans une auberge de campagne.

Les aurores sont parfois visibles dès fin août, mais la saison habituelle s'étend de mi-septembre à mi-avril. Il y a deux fois plus d'aurores boréales autour des équinoxes (sept/oct et mars/avr).

### Prévoir leur formation

Il est presque impossible de prédire la formation d'une aurore boréale ; il existe toutefois des outils et applications qui fournissent des indications. Consultez le site du service météorologique islandais (en.vedur.is/weather/forecasts/aurora), très complet, ou www.easyaurora.com.

## Hraunfossar

CHUTE D'EAU

5 PLAN P. 136, D3

La spectaculaire "cascade du Champ de lave" doit son nom à l'eau cristalline qui jaillit de sous le champ de lave qui l'entoure. Un peu plus loin, un chemin balisé rejoint l'écumeuse chute d'eau de Barnafoss. Sur la Route 518, prenez la sortie vers le nord à 6,5 km à l'ouest d'Húsafell.

## Centre des chèvres islandaises

FERME

6 PLAN P. 136, D3

Des fermiers vous mèneront ici à travers de jolis champs où paissent des chèvres islandaises, une espèce menacée. Le plus célèbre pensionnaire est Casanova, un bouc qui apparaît dans *Game of Thrones* (où il est pourchassé par un dragon). La ferme est située sur la Route 523, une piste au nord-est de Reykholt. Café et thé inclus. (435 1448 ; www.geitur.is ; Rte 523, Háafell ; tarif plein/enfant 1 500/750 ISK ; 9h-17h lun, 13h-18h mar-dim juin-août)

## Hafnarfjall

RANDONNÉE

7 PLAN P. 136, B4

L'Hafnarfjall (844 m) est un impressionnant mont escarpé qui se dresse en face de Borgarnes, de l'autre côté du fjord. Le départ du sentier qui rejoint le sommet (7 km) se trouve sur la Route circulaire (Rte 1). Prenez garde aux éboulis et à la roche glissante. La vue depuis le sommet est époustouflante.

# Se restaurer

## Restaurant du Settlement Center

INTERNATIONAL €€

8 PLAN P. 136, B4

Ce restaurant spacieux et animé, qui occupe une salle lumineuse creusée dans la roche, est une excellente adresse. Au choix : mets islandais ou plats internationaux (agneau, ragoût de poisson, etc.) ; le buffet du déjeuner (11h30-15h) a du succès. Réservez pour le dîner. (437 1600 ; www.landnam.is ; Brákarbraut 13,

Cascade de Hraunfossar

Borgarnes ; buffet déj 1 700 ISK, plats 2 400-4 900 ISK ; 10h-21h ; )

**Hótel Húsafell** ISLANDAIS €€€

L'excellent restaurant de cet hôtel chic à proximité du Langjökull (voir 1 plan p. 136, F3) sert une cuisine créative, de qualité et joliment présentée. Il est orné d'œuvres de l'artiste local Páll Guðmundsson. Vue splendide. ( 435 1551 ; www.hotelhusafell.com ; Rte 518 ; plats déj 2 600-5 400 ISK, dîner 4 800-7 600 ISK ; P)

**Englendingavík** CAFÉ €€

Un restaurant accueillant, avec une jolie terrasse donnant sur l'eau. Bonne cuisine maison, depuis les plats complets à base de rôti d'agneau ou de poisson frais jusqu'aux gâteaux. Le restaurant gère aussi une *guesthouse* dans un bâtiment attenant restauré offrant une belle vue sur la baie (d avec sdb commune à partir de 27 400 ISK). Proche du restaurant du Settlement Center (voir 8 plan p. 136, B4). ( 555 1400 ; www.englendingavik.is ; Skúlagata 17, Borgarnes ; plats 2 600-4 600 ISK ; 12h-21h mai-sept, horaires réduits oct-avr ; )

**Hraunfossar Cafe** CAFÉ €€

Un lieu accueillant, juste derrière la cascade de Hraunfossar (voir 4 plan p. 136, D3), avec de vastes terrasses et un solide menu de soupes, burgers, salades et en-cas basiques. ( 435 1155 ; www.hraunfossar.is ; Rte 518 ; plats 1 500-2 700 ISK ; 10h-3h30 juin-août, horaires réduits le reste de l'année)

## Prendre un verre

**Steðji Brugghús** BRASSERIE

9 PLAN P. 136, C4

Cette petite brasserie familiale à 25 km au nord de Borgarnes, en retrait de la Route 50, propose un bon choix de bières locales :

### Produits fermiers

Envie de produits du terroir ? Filez tout droit à la ferme **Erpsstaðir** (plan p. 136, C1 ; 868 0357 ; www.erpsstadir.is ; Rte 60 ; étable tarif plein/enfant 600 ISK/gratuit ; 11h-18h juin à mi-août, 13h-17h mi-mai à juin et mi-août à mi-sept ; ), véritable paradis pour les becs sucrés ! Cette ferme laitière spécialisée dans les crèmes glacées (400 ISK) se trouve sur la Route 60 (entre Búðardalur et la Route circulaire), ponctuée de cascades.

Pour participer à un circuit culinaire, contactez **Crisscross Food Tour** ( 868 6255 ; www.crisscross.is), qui organise des excursions gastronomiques dans l'ouest de l'Islande, avec des arrêts dans des fermes, des en-cas et un repas (journée 39 500 ISK), et des visites de sites naturels (cascades ou champs de lave) au passage.

OSCAR BJARNASON/GETTY ©

L'Hafnarfjall (p. 139)

à la fraise, blonde, de saison... À goûter dans la salle de dégustation. (☎896 5001 ; www.stedji.com ; dégustation 1 500 ISK ; ⏲13h-17h lun-sam)

# Shopping

## Ljómalind

MARCHÉ

10 PLAN P. 136, B4

Fruit d'une collaboration entre producteurs locaux, cette coopérative est installée près du rond-point à l'entrée de Borgarnes. On y trouve des produits laitiers d'Erpsstaðir, de la viande bio, des articles de bain artisanaux, des lainages tricotés main, des bijoux... (Farmers Market ; ☎437 1400 ; Brúartorg 4, Borgarnes ; ⏲10h-21h)

## Ullarselið

MODE, ARTISANAT

11 PLAN P. 136, B4

Ce fabuleux magasin de laine et de tricots est situé à Hvanneyri, parmi des maisons au bord du fjord. Chandails tricotés main, écharpes, chapeaux et couvertures côtoient des pelotes de laine filée à la main et des boutons en coquillage et en os, ainsi que des aiguilles et des patrons. (☎437 0077 ; www.ull.is ; Hvanneyri ; ⏲11h-17h mi-juin à mi-août, 13h-17h jeu-sam mi-sept à mi-mai)

# Carnet pratique



Reykjavík GAIL JOHNSON/SHUTTERSTOCK ©

# Avant de partir

## Hébergement

- De juin à août, les hébergements affichent complet : il est indispensable de réserver.
- Le quartier de Reykjavík 101 est le plus central. C'est un emplacement pratique pour se déplacer à pied dans la ville.
- Il existe de nombreux hébergements de toutes sortes dans la capitale : auberges de jeunesse, *guesthouses* de catégorie moyenne (souvent avec sdb, cuisine et salon partagés), hôtels d'affaires...
- Les prix sont élevés. Pour limiter votre budget, privilégiez les auberges de jeunesse, les campings et les locations de courte durée.
- La plupart des établissements sont ouverts toute l'année. Les promotions sont fréquentes sur Internet, où les prix fluctuent.

**Reykjavík**

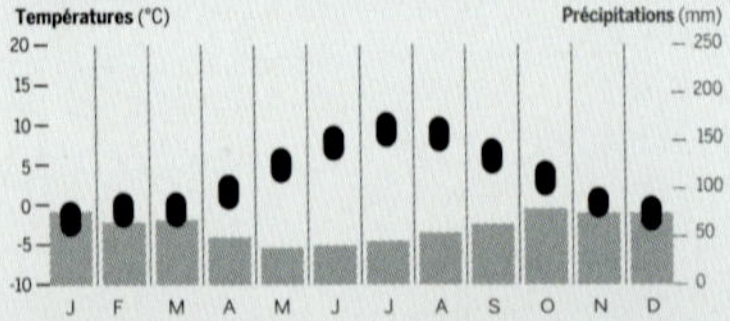


## Quand partir

**Haute saison (juin-août)** Très forte fréquentation touristique. Tarifs élevés ; réservation impérative pour les hébergements. Journées interminables ; festivals à gogo.

**Saison intermédiaire (mai et sept)** Météo venteuse, avec parfois de la neige. Moins de touristes ; prix plus bas.

**Basse saison (oct-avr)** Longues nuits. C'est l'époque des aurores boréales, mais aussi du ski, des raquettes, des visites de grottes de glace...

## Petits budgets

**Reykjavík Downtown Hostel** (www.hostel.is). Les chambres et dortoirs impeccables de cette auberge affiliée à Hostelling International (HI) offrent parmi les meilleurs rapports qualité/prix du centre-ville.

**KEX Hostel** (www.kexhostel.is). Une adresse très appréciée pour son décor original et son bar sympathique.

**101 Hostel** (101hostel@mail.com). Une auberge de jeunesse historique, simple et accueillante, forte d'un emplacement central et enviable.

**Loki 101** (www.loki101.is). Une chambre d'hôtes sans prétention dans le centre, près de l'Hallgrímskirkja.

## Catégorie moyenne

**Forsæla Apartmenthouse** (www.apartmenthouse.is). Chambres d'hôtes ou appartements douillets.

**Nest Apartments** (www.nestapartments.is). Des petits appartements confortables et joliment équipés, dans une résidence bien placée.

**Galtafell Guesthouse** (www.galtafell.com). Des chambres doubles et des appartements confortables, dans une belle demeure restaurée.

**Loft Hostel** (www.lofthostel.is). L'une des meilleures auberges de jeunesse de la ville : branchée, centrale et très animée en soirée.

### Catégorie supérieure

**Consulate Hotel Reykjavík** (www.curiocollection3.hilton.com). Un hôtel historique au service irréprochable.

**Kvosin Downtown** (www.kvosinhotel.is). Des appartements modernes, avec une belle vue pour certains, au cœur du vieux quartier de Reykjavík.

**Reykjavík Residence** (www.rrhotel.is). Des chambres et appartements dans des demeures superbement restaurées, à proximité de Laugavegur.

**Alda Hotel** (www.aldahotel.is). Un boutique-hôtel dans le secteur commerçant de Laugavegur.

## Arriver à Reykjavík

### Aéroport international de Keflavík

Le principal **aéroport** (KEF ; 425 6000 ; www.isavia.is ; Reykjanesbraut ; 24h/24) international d'Islande est situé à 48 km à l'ouest de Reykjavík. Les bus **Flybus** (580 5400 ; www.re.is ; billet aller 2 950 ISK ; ), **Gray Line** (540 1313 ; www.grayline.is ; ) et **Airport Direct** (497 8000 ; airportdirect.is ; billet aller/aller-retour à partir de 5 500/10 000 ISK ; ) assurent d'excellentes liaisons avec la ville.

Le bus **Strætó** (540 2700 ; www.straeto.is) n°55 circule entre la gare routière BSÍ et l'aéroport (1 840 ISK, 9/jour lun-ven en été).

Des agences de location de voitures sont représentées à l'aéroport ; il est vivement conseillé de réserver.

Il revient assez cher de rejoindre Reykjavík en taxi (16 100 ISK).

### Sites Internet

**Hey Iceland** (www.heyiceland.is). Agence de voyages expérimentée.

**Lonely Planet** (lonelyplanet.fr). Recommandations et réservations.

**AirBnB** (www.airbnb.com). Chambres, appartements ou maisons à louer.

**Booking.com** Un site très complet, notamment pour trouver des hébergements en dehors de Reykjavík.

**CouchSurfing** (www.couchsurfing.com). Réseau mondial de voyageurs offrant leur canapé.

## Un fil d'Ariane en voyage

Vous êtes ressortissant français ? Pensez à vous enregistrer sur le **portail Ariane** (pastel.diplomatie.gouv.fr/fildariane) du ministère des Affaires étrangères. Ce service gratuit vous permet de recevoir des alertes si la situation le justifie. Crise politique, catastrophe naturelle, attentat… recevez en temps réel des consignes de sécurité lors de votre voyage. Il existe une application pour les smartphones et les tablettes, intitulée *Conseils aux voyageurs*.

## Aéroport domestique de Reykjavík

- Situé dans le centre de Reykjavík, tout juste 2 km au sud du Tjörnin, le petit aéroport domestique de Reykjavík accueille des vols intérieurs et des liaisons depuis/vers le Groenland ou les îles Féroé. Vous trouverez des services touristiques sur place.
- L'aéroport est doté d'une station de taxis.
- Le bus n°15 s'arrête près du terminal Air Iceland Connect ; il continue ensuite jusqu'à la gare routière d'Hlemmur.

## Compagnies aériennes

- De plus en plus de compagnies (dont des low cost) assurent des vols vers l'Islande depuis l'Europe ou l'Amérique du Nord. Certaines proposent uniquement des liaisons entre mai et septembre. La liste des transporteurs desservant le pays est disponible en ligne. Rendez-vous sur fr.visiticeland.com (rubrique *Guide pratique/Voyage en Islande*).
- Pour les vols entre l'Europe et l'Amérique du Nord, la compagnie nationale islandaise, **Icelandair** (www.icelandair.com), offre la possibilité de faire une escale (*stopover*) de 7 nuits maximum en Islande, sans supplément de tarif.
- La low cost islandaise WOW Air, qui assurait de nombreux vols directs vers l'Islande au départ de la France, de la Belgique et du Canada, a cessé ses activités en mars 2019. Cela pourrait faire évoluer le marché et avoir des répercutions sur les tarifs pratiqués par les autres compagnies.

## Depuis la France

- **Icelandair** (☎ 01 44 51 60 51 ; www.icelandair.fr) assure chaque jour 2 ou 3 vols directs entre Paris (Roissy-Charles-de-Gaulle) et Reykjavík (3 heures 30, à partir de 275 € aller-retour).
- **Transavia** (☎ 0 892 058 888 ; www.transavia.com) assure une liaison Paris (Orly)-Reykjavík de fin mai à début septembre (à partir de 120 € aller-retour ; comptez le triple en haute saison).
- Air France n'offre pas de vol direct vers l'Islande.

### Depuis la Belgique

- **Icelandair** (☎ 0 800 76 029 ; www.icelandair.com) assure plusieurs vols directs hebdomadaires entre Bruxelles et Reykjavík (3 heures 30, à partir de 270 € aller-retour).
- Brussels Airlines ne dessert pas l'Islande.

### Depuis la Suisse

- **Icelandair** (www.icelandair.com) propose un vol direct quotidien entre Zurich et Reykjavík (3 heures 50, à partir de 400 CHF aller-retour), ainsi que plusieurs vols hebdomadaires directs entre Genève et Reykjavík (3 heures 50, à partir de 400 CHF aller-retour, 6 vols directs/semaine en haute saison).
- **easyJet** (☎ 0848 28 28 28 ; www.easyjet.com) offre des liaisons saisonnières au départ de Genève et de Bâle.
- Renseignez-vous également sur les offres d'**Edelweiss Air** (☎ 0848 333 593 ; www.flyedelweiss.com), qui relie Zurich à Reykjavík en été.

### Depuis le Canada

- **Icelandair** (☎ 800 223 5500 ; www.icelandair.ca) propose des vols directs à destination de Reykjavík, toute l'année depuis Edmonton (6 heures 15), Toronto (5 heures 30) et Vancouver (7 heures 15), et en saison depuis Halifax (4 heures 15) et Montréal (5 heures 30). Les tarifs débutent autour de 650 $C pour un aller-retour en classe économique.
- **Air Canada** (☎ 1 888 247 2262 ; www.aircanada.com) propose des vols directs pour Reykjavík au départ de Montréal et Toronto en saison.

# Comment circuler

L'Islande ne possède pas de réseau ferroviaire.

### Avion

**Air Iceland Connect** (☎ 570 3030 ; www.icelandair.com/fr-fr/ ; aéroport domestique de Reykjavík) est la principale compagnie intérieure. Outre les liaisons aériennes, elle propose différents services à destination des visiteurs. Renseignez-vous sur les circuits, les hébergements, etc.

### Pas d'impair !

- Les règles d'hygiène sont très strictes : il est obligatoire de prendre une douche en se savonnant et sans maillot de bain avant de se baigner dans un *hot pot* ou une piscine.
- Quittez vos chaussures quand vous entrez chez quelqu'un.
- Il est interdit de fumer dans tous les lieux publics, y compris dans les bars et les restaurants.
- Le pourboire n'est pas d'usage dans les taxis et les restaurants.

## Voiture et moto

- Avoir une voiture ne présente aucun intérêt à Reykjavík.
- En revanche, louer un véhicule facilite l'exploration du reste de l'Islande.
- On trouve des agences de location de voitures et de camping-cars dans les deux aéroports, à la gare routière BSÍ et en différents points de la ville.
- En agglomération, la vitesse est généralement limitée à 50 km/h, sauf indication contraire.
- Le port de la ceinture de sécurité est obligatoire, à l'avant comme à l'arrière.
- L'utilisation des téléphones mobiles au volant est interdite.
- Les "routes F" (pistes) sont réservées aux 4×4.
- Les Français, les Belges, les Suisses et les Canadiens peuvent conduire en Islande avec leur permis de conduire national.

## Bus urbains

- Les bus **Strætó** (☎540 2700 ; www.straeto.is) assurent des liaisons régulières dans Reykjavík et sa banlieue (Seltjarnarnes, Kópavogur, Garðabær, Hafnarfjörður et Mosfellsbær).
- Un trajet simple revient à 490 ISK. Les billets s'achètent à la gare routière, à bord (prix identique) et sur l'application Strætó.
- La Reykjavík City Card (voir p. 151) permet de circuler librement sur le réseau de bus Strætó.
- De nombreux plans gratuits (dont la *Welcome to Reykjavík City Map*) incluent les itinéraires de bus.
- Le service est assuré de 7h à 23h ou minuit tous les jours (à partir de 11h le dimanche). Fréquence : toutes les 15 à 30 minutes.
- Un service nocturne restreint est assuré jusqu'à 4h30 le vendredi et le samedi.

## Bons plans

- Toute personne résidant de façon permanente en dehors de l'Islande peut prétendre à un remboursement de taxe sur ses achats supérieurs à 6 000 ISK (réalisés dans un même point de vente) : repérez le panneau "*tax-free shopping*" sur les vitrines des magasins, et demandez le formulaire.
- On trouve des prix intéressants sur les vins et les spiritueux à la boutique duty free de l'aéroport international de Keflavík.
- Les bars pratiquent des tarifs avantageux durant l'*happy hour*. Téléchargez l'application Reykjavík Appy Hour pour connaître les horaires, prix, etc. dans les établissements concernés.

## Bus longue distance et circuits organisés

- Le pays possède un vaste réseau de bus longue distance.
- Les lignes changent fréquemment. Les itinéraires, horaires et tarifs à jour sont

disponibles sur les sites Web des compagnies et dans les offices du tourisme.

- De mi-mai aux alentours de la mi-septembre, de nombreuses liaisons sont assurées régulièrement. Le reste de l'année, les services sont plus rares vers les régions reculées ; certains sont tout bonnement supprimés.
- La carte *Public Transport in Iceland*, gratuite, présente une vue d'ensemble des lignes existantes. Vous pourrez vous la procurer dans les offices du tourisme ou la consulter en ligne sur www.publictransport.is.
- Si vous réservez un circuit organisé d'une journée au départ de Reykjavík (voir p. 16), les agences proposeront souvent de venir vous chercher à l'hôtel.
- Une autre solution consiste à vous organiser seul en jonglant à partir des lignes de bus régulières (Strætó ou autre). Il existe une multitude de forfaits – toutefois, en fonction de votre programme, il peut être plus intéressant d'opter pour des billets séparés.
- Les bus longue distance de Strætó circulent depuis/vers la **gare routière de Mjódd** (540 2700 ; www.bus.is ; billetterie 8h-18h lun-ven, 10h-18h sam-dim), située à 8 km au sud-est du centre, et desservie par les bus locaux nos3, 4, 11, 12, 17, 21 et 24.
- Les paiements s'effectuent en espèces, en carte bancaire ou avec des (liasses de) tickets de bus.
- **Reykjavík Excursions** (Kynnisferðir ; 580 5400 ; www.re.is ; gare routière BSÍ, Vatnsmýrarvegur 10) et ses Flybus sont basés à la gare routière BSÍ (580 5400 ; www.bsi.is ; Vatnsmýrarvegur 10 ; ), à environ 2 km au sud du centre-ville.
- On y trouve différents services : comptoir de vente de billets, brochures touristiques, casiers, consigne à bagages (www.luggagelockers.is), location de voitures (agence Budget), cafétéria avec Wi-Fi.
- La gare est desservie par les bus urbains nos1, 3, 5, 6, 14 et 15.
- Reykjavík Excursions propose sur réservation un service de navette entre les hôtels et la gare routière BSÍ.
- Certains bus **Grayline** (Iceland Excursions ; 540 1313 ; www.grayline.is ; Hafnarstræti 20) desservent également la gare routière BSÍ.
- Les bus **Sterna** (551 1166 ; www.sternatravel.com ; ) partent de l'Harpa (p. 72 ; vente de billets sur place). Ils circulent sur toute la Route circulaire (Route 1) et desservent les destinations touristiques.
- Les bus **Trex** (587 6000 ; www.trex.is) rejoignent Þórsmörk et Landmannalaugar au départ de l'office du tourisme principal (p. 153), de la station-service Shell de Kringlan et du camping de Reykjavík (Sundlaugavegur 32).

# Infos pratiques

## Ambassades et consulats

### Représentations islandaises à l'étranger

**France** Ambassade (☎01 44 17 32 85 ; www.iceland.is/iceland-abroad/fr ; 52 av. Victor-Hugo, 75016 Paris)

**Belgique** Ambassade (☎02 238 50 00 ; www.iceland.is/iceland-abroad/be ; rue Archimède 17, 1000 Bruxelles)

**Suisse** Consulat général (☎058 258 10 30 ; is.cons@bratschi.ch ; Bahnhofstrasse 70, 8001 Zurich)

**Canada** Ambassade (☎613 482 1944 ; www.iceland.is/ca ; 360 Albert St, Ste 710, Ottawa, Ontario K1R 7X7)

### Représentations étrangères en Islande

**France** Ambassade (☎575 9600 ; www.ambafrance-is.org ; Túngata 22, 101 Reykjavík)

**Belgique** Consulat honoraire (☎570 0300 ; magnus@garri.is ; Hádegismóar 1-3, 110 Reykjavík). Dépend de l'ambassade d'Islande à Oslo.

**Suisse** Consulat général (☎551 7172 ; reykjavik@honrep.ch ; Laugavegur 13). Dépend de l'ambassade d'Islande à Oslo.

**Canada** Ambassade (☎575 6500 ; www.canadainternational.gc.ca/iceland-islande ; Túngata 14)

## Argent

- La devise nationale est la couronne islandaise (*króna* au singulier, *krónur* au pluriel), abrégée ISK.
- Les cartes bancaires sont acceptées partout. Les DAB ne manquent pas dans le centre de Reykjavík.
- Pour payer avec votre carte bancaire, ainsi que pour faire le plein aux pompes en libre-service, un code PIN à quatre chiffres est nécessaire.
- Le service et la TVA sont toujours inclus ; le pourboire n'est pas obligatoire.

## Assurance

- Bien que l'Islande soit une destination très sûre, il est conseillé de souscrire une police d'assurance qui vous couvrira en cas d'annulation de votre voyage, de vol, de perte de vos affaires, de maladie ou encore d'accident.
- Lisez avec la plus grande attention les clauses en petits caractères : c'est là que se cachent les restrictions. Vérifiez notamment que les sports et activités "à risques", comme la randonnée, la plongée, l'équitation, le ski ou la motoneige, ne sont pas exclus de votre contrat, ou encore que le rapatriement médical d'urgence, en ambulance ou en avion, est couvert.
- Avant de souscrire une assurance, vérifiez que vous ne bénéficiez pas déjà d'une assistance par votre carte bancaire, votre mutuelle ou votre assurance automobile. C'est bien souvent le cas.

## Cartes de réduction

- La **Reykjavík City Card** (www.citycard.is ; 24/48/72 heures 4 000/5 600/6 900 ISK) comprend l'accès à 10 piscines et complexes thermaux municipaux de Reykjavík, et à la plupart des musées et galeries d'art. Elle permet d'emprunter librement les bus de ville Strætó et le ferry pour Viðey, et donne droit à des tarifs réduits sur certains circuits organisés et sorties, ainsi que dans des magasins.

- La **Children's City Card** (1 650 ISK), valable 24 heures, est moins utile, puisque la plupart des musées sont déjà gratuits pour les enfants.
- Ces deux cartes sont en vente à l'office du tourisme principal (p. 153), dans des agences de voyages, dans des supérettes, ainsi que dans les auberges de jeunesse HI et quelques hôtels.

## Désagréments et dangers

- L'Islande possède un taux de criminalité très bas. Les principaux risques sont liés à la sécurité routière, à la météo changeante et aux conditions géologiques.
- Pour savoir comment voyager en Islande en toute sécurité, consultez le site **Safetravel** (www.safetravel.is), créé à l'initiative de l'Icelandic Association for Search and Rescue (ICE-SAR ; association islandaise de recherches et de secours).
- L'application **112 Iceland** (utile en cas d'urgence) détaille la procédure de dépôt de votre plan de voyage auprès de l'ICE-SAR ou d'un contact personnel.

## Électricité

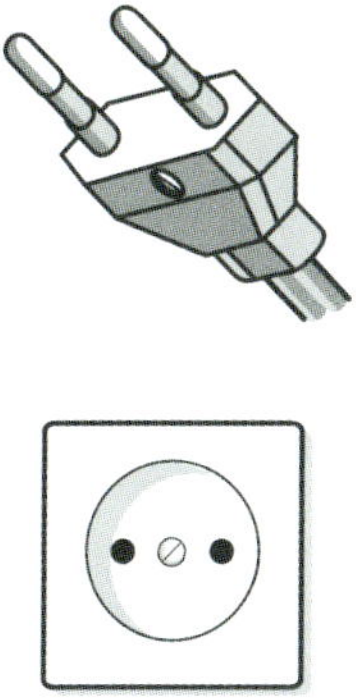

**Type C**
**220 V/50 Hz**

**Type F**
**230 V/50 Hz**

## Formalités et visas

- L'Islande est membre de l'espace Schengen – ce qui signifie qu'elle a levé les contrôles aux frontières pour les voyageurs en provenance d'autres États membres.
- Pour un séjour inférieur à 3 mois, les Français, les Belges et les Suisses peuvent entrer en Islande avec une carte d'identité ou un passeport en cours de validité (le permis de conduire n'est pas une pièce d'identité valable).
- Les Canadiens doivent fournir un passeport valide au moins 3 mois après la date du retour – la durée totale d'un séjour au sein de l'espace Schengen ne doit pas excéder 3 mois sur une période de 6 mois.
- Pour toute autre question, contactez le **bureau de l'Immigration islandais** (Útlendingastofnun ; www.utl.is).

## Handicapés

L'Islande n'est pas la destination d'Europe

du Nord la plus facile d'accès pour les voyageurs handicapés (surtout en dehors de Reykjavík).

Pour obtenir des informations détaillées, contactez le **Þekkingarmiðstöð Sjálfsbjargar** (Sjálfsbjörg Knowledge Centre ; ☎550 0360 ; www.thekkingarmidstod.is ; Hátún 12, Reykjavík), l'association nationale islandaise des personnes handicapées.

Le site **God Adgang** (www.godadgang.dk) permet de localiser les prestataires de services islandais qui bénéficient d'un label d'accessibilité.

L'agence **Iceland Unlimited** (www.icelandunlimited.is) propose des voyages sur mesure pour les personnes à mobilité réduite.

**Grayline** (www.grayline.is) et **Reykjavík Excursions** (www.re.is) offrent également des circuits adaptés aux personnes à mobilité réduite.

Les bus urbains de Reykjavík sont accessibles en fauteuil roulant ; ailleurs, les bus ne sont généralement pas adaptés.

## Heures d'ouverture

Les horaires varient selon les périodes de l'année (même à Reykjavík, certains établissements ferment hors saison).

Généralement, ils sont plus étendus de juin à août.

Voici les heures d'ouverture classiques :

**Administrations** 9h-17h lun-ven

**Banques** 9h-16h lun-ven. L'Arion banki de Kringlan ouvre aussi le samedi (10h-18h) et le dimanche (13h-18h), et ferme plus tard.

**Bars** 11h-1h dim-jeu, 10h-3h ou 6h ven-sam

**Cafés** 10h-18h

**Stations-service** 8h-22h ou 23h ; nombreuses pompes en libre-service, accessibles 24h/24 (paiement par carte bancaire)

**Postes** 9h-18h lun-ven (9h-16h à la campagne)

**Restaurants** 11h30-14h30 et 18h-21h ou 22h ; fermeture plus tardive pour ceux qui font aussi bar.

**Magasins** 10h-18h lun-ven, 10h-16h sam ; à Reykjavík, les centres commerciaux et les boutiques des grandes rues commerçantes ouvrent parfois le dimanche.

**Supermarchés** 9h-22h (ferment plus tôt à la campagne) ; les supérettes 10-11 sont souvent ouvertes 24h/24 ; les enseignes Bónus pratiquent des horaires différents.

**Vínbúðin (magasins d'État de vins et spiritueux)** Horaires variables ; en dehors de Reykjavík, beaucoup n'ouvrent que quelques heures par jour.

## Jours fériés

**Nouvel An** 1er janvier

**Pâques** mars ou avril (des Jeudi et Vendredi saints, jusqu'au lundi de Pâques)

**Premier jour de l'été** premier jeudi suivant le 18 avril

**Fête du Travail** 1er mai

**Ascension** mai ou juin

**Pentecôte** mai ou juin (dimanche et lundi)

**Fête nationale** 17 juin

**Fête des Commerçants** premier lundi d'août

**Noël** du 24 au 26 décembre

**Saint-Sylvestre** 31 décembre

## Numéros utiles

**Urgences** 112

**Renseignements téléphoniques** 118

**Météo** 902 (tapez 1 après le message d'accueil)

**Conditions de circulation routière** 1777

## Offices du tourisme

**Office du tourisme principal** (Upplýsingamiðstöð Ferðamanna, Tourist Information Center ; plan p. 40, C3 ; 411 6000 ; www.visitreykjavik.is ; Ráðhús, Tjarnargata 11 ; 8h-20h ; ). Un accueil sympathique et des montagnes de brochures gratuites. Vente de plans et de tickets de bus Strætó, et de la Reykjavík City Card. Réservation d'hébergements, de circuits et d'autres activités.

**Inspired By Iceland** (fr.visiticeland.com). Le site officiel du tourisme dans le pays.

## Téléphone

- D'Islande, pour téléphoner dans un autre pays, composez le 00, puis l'indicatif du pays (33 pour la France, 32 pour la Belgique, 41 pour la Suisse et 1 pour le Canada), suivi du numéro de votre correspondant sans l'éventuel 0 initial.
- Pour appeler en Islande depuis l'étranger, composez le code d'accès international en vigueur dans votre pays (00 en France, en Belgique et en Suisse, 011 au Canada), suivi de l'indicatif 354 et des 7 chiffres du numéro de téléphone (il n'y a pas d'indicatifs régionaux en Islande).
- L'annuaire en ligne est accessible sur : en.ja.is (les abonnés sont répertoriés par leur prénom).
- Des cartes SIM prépayées et des recharges sont en vente dans les librairies, les épiceries et les stations-service, ainsi que sur les vols Icelandair.
- Le réseau mobile islandais **Síminn** (www.siminn.is/prepaid) fournit la meilleure couverture réseau ; il est suivi par **Vodafone** (vodafone.is/english/prepaid).
- Ces deux opérateurs proposent des formules basiques appels + Internet mobile incluant une carte SIM locale. Comptez 2 900 ISK chez Síminn (avec 10 GB de données, ou 5 GB plus 50 minutes d'appels à l'international).
- Pour les voyageurs européens, leur forfait fonctionne en Islande comme dans leur pays d'origine, sans surcoût. Les autres voyageurs doivent se renseigner sur les frais d'itinérance – il est souvent plus intéressant d'acheter une carte SIM islandaise.

## Toilettes

Les toilettes publiques sont rares en Islande. Malgré des améliorations, le pays peine encore à faire face à l'afflux de visiteurs à cet égard.

# Langue

L'islandais fait partie de la famille des langues germaniques. Il est proche du vieux norrois et conserve certaines lettres anciennes, comme le "*thorn*" (þ).

Même si les Islandais parlent souvent l'anglais (rarement le français), ils apprécient que les visiteurs fassent des efforts, même modestes, pour s'exprimer dans leur langue. Pour vous faire comprendre, lisez nos transcriptions phonétiques comme si c'était du français. Dans notre transcription, kh correspond au "ch" allemand, comme dans *buch*, ou à la *jota* espagnole.

## Conversation de base

**Bonjour (informel).**
*Halló.* *ha·lo*

**Au revoir.**
*Bless.* *bless*

**Merci.**
*Takk./ Takk fyrir.* *tak/ tak fi·rir*

**Excusez-moi.**
*Afsakið.* *af·sa·kidh*

**Pardon.**
*Fyrirgefðu.* *fi·rir·guev·dhu*

**Oui.**
*Já.* *yao*

**Non.**
*Nei.* *nay*

**Comment allez-vous ?**
*Hvað segir þú gott?*
*kvadh sé·yir thou got*

**Bien. Et vous ?**
*Allt fínt. En þú?* *alt fint enn thou*

**Comment vous appelez-vous ?**
*Hvað heitir þú?* kvadh *héï*·tir thou

**Je m'appelle...**
*Ég heiti ...* iékh *héï*·ti ...

**Parlez-vous anglais ?**
*Talar þú ensku?* ta·lar thou ens·ku

**Je ne comprends pas.**
*Ég skil ekki.* iékh skil e·ki

## Orientation

**Où est (l'hôtel) ?**
*Hvar er (hótelið)?* kvar er (hoh·te·lidh)

**Pouvez-vous me montrer (sur la carte) ?**
*Geturðu sýnt mér (á kortinu)?*
*ge·tur·dhu sint miér (ao kor·ti·nu)*

**Quelle est votre adresse ?**
*Hvert er heimilisfangið þitt?*
*kvert er héï·mi·lis·fan·gidh thit*

## Au restaurant

**Que recommandez-vous ?**
*Hverju mælir þú með?*
*kver·yu maï·lir thou medh*

**Servez-vous des plats végétariens ?**
*Hafið þið grænmetisrétti?*
*ha·vidh thidh graïn·me·tis·rié·ti*

**Je vais prendre...**
*Ég ætla að fá ...*
*iékh aït·la adh fao ...*

**Santé !** *Skál!* *skaol*

## Lire l'islandais

| Lettre | Prononciation |
|---|---|
| **Á á** | *ao* (comme dans "Mao") |
| **Ð ð** | *dh* (comme le "th" anglais proche de "z") |
| **É é** | *ié* (comme dans "pied") |
| **Í í** | *i* (comme dans "vie") |
| **Ó ó** | *o* (comme dans "bateau") |
| **Ú ú** | *ou* (comme dans "cou") |
| **Ý ý** | *i* (comme dans "vie") |
| **Þ þ** | *th* (comme le "th" anglais proche de "s") |
| **Æ æ** | *aï* (comme dans "ail") |
| **Ö ö** | *eu* (comme dans "neuf") |

| | | |
|---|---|---|
| **Je voudrais..., s'il vous plaît.** | *Get ég fengið ..., takk.* | *get iékh fen·guidh tak* |

**une table pour**
*borð fyrir* — *bordh fi·rir*

**l'addition**
*reikninginn* — *raïk·nin·guin*

**la carte des boissons**
*vínseðillinn* — *vin·se·dhit·lin*

**le menu**
*matseðillinn* — *mat·se·dhit·lin*

**ce plat**
*þennan rétt* — *thé·nan riét*

## Urgences

**À l'aide !**
*Hjálp!* — *hyaolp*

**Laissez-moi !**
*Farðu!* — *far·dhu*

**Appelez... !**
*Hringdu á ...!* — *hring·du ao*

| | | |
|---|---|---|
| **un médecin** | *lækni* | *laïk·ni* |
| **la police** | *lögregluna* | *leu·rekh·lu·na* |

**Je me suis perdu(e).**
*Ég er villtur/villt.* — *iékh er vil·tur/vilt*

**Où sont les toilettes ?**
*Hvar er snyrtingin?* — *kvar er snir·tin·guin*

## Nombres

| | | |
|---|---|---|
| **1** | *einn* | *éïdn* |
| **2** | *tveir* | *tvéïr* |
| **3** | *þrír* | *thrir* |
| **4** | *fjórir* | *fio·rir* |
| **5** | *fimm* | *fim* |
| **6** | *sex* | *seks* |
| **7** | *sjö* | *syeu* |
| **8** | *átta* | *ao·ta* |
| **9** | *níu* | *ni·u* |
| **10** | *tíu* | *ti·u* |
| **20** | *tuttugu* | *tu·tu·gu* |

| | | |
|---|---|---|
| **30** | *þrjátíu* | *thrao·ti·u* |
| **40** | *fjörutíu* | *fyeur·ti·u* |
| **50** | *fimmtíu* | *fim·ti·u* |
| **60** | *sextíu* | *seks·ti·u* |
| **70** | *sjötíu* | *syeu·ti·u* |
| **80** | *áttatíu* | *ao·ta·ti·u* |
| **90** | *níutíu* | *niu·ti·u* |
| **100** | *hundrað* | *hun·dradh* |

## Commerces et services

**Je cherche...**
*Ég leita að ...* *iékh léï·ta adh ...*

**Combien cela coûte-t-il ?**
*Hvað kostar þetta?* *kvadh kos·tar the·ta*

**C'est trop cher.**
*Þetta er of dýrt.* *the·ta er of dirt*

## Transports

**Est-ce le...**
*Er þetta ...* *er the·ta ...*
**pour (Akureyri) ?**
*til (Akureyrar)?* *til (a·ku·réï·rar)*

**bateau**
*ferjan* *fer·yan*

**bus**
*rútan* *rou·tan*

**avion**
*flugvélin* *flukh·vié·lin*

**À quelle heure est...**
*Hvenær fer ...* *kve·naïr fer*
**le bus ?**
*strætisvagninn?* *straï·tis·vag·nin*

**Un billet (pour Reykjavík), s'il vous plaît.**
*Einn miða (til Reykjavíkur), tak.*
*aïtn mi·dha (til réïk·ya·vi·kur) tak.*

**Combien cela coûte-t-il pour... ?**
*Hvað kostar til ... ?* *kvadh kos·tar til*

**Arrêtez-vous ici, s'il vous plaît.**
*Stoppaðu hér, takk.*
*sto·pa·dhu hiér tak*

**S'il vous plaît, conduisez-moi à (cette adresse).**
*Viltu aka mér til (þessa staðar).*
*vil·tu a·ka miér til (the·sa sta·dhar)*

## Glossaire

**á** – rivière (comme dans Laxá, ou "rivière du saumon")
**álfar** – elfes
**austur** – est

**basalte** – roche volcanique sombre, qui se solidifie souvent sous la forme de colonnes hexagonales
**bíó** – cinéma
**brennivín** – alcool local
**bær** – ferme

**caldeira** – cratère formé par l'effondrement d'un cône volcanique

**dalur** – vallée

**Edda** – recueils de poésie de l'âge des Vikings, source de connaissance sur les mythes et légendes scandinaves
**ey** – île

**fjall (ou fell)** – montagne
**foss** – chute d'eau, cascade
**fjörður** – fjord
**fumerolle** – émanation gazeuse provenant d'un volcan

**gata** – rue
**geyser** – source chaude jaillissant par intermittence
**gistiheimilið** – *guesthouse* (pension)
**gjá** – fissure, rift
**goðar/goði** (s/p) – chefs politiques et religieux de certaines régions, avant la christianisation

**hákarl** – chair de requin fermentée
**hestur** – cheval
**höfn** – port
**hot pot** – bain chaud en plein air (sorte de Jacuzzi ou de bassin thermal) que l'on trouve dans les piscines et dans certains hébergements. En islandais, *hot pot* se dit *heitur pottur.*
**hraun** – champ de lave
**huldufólk** – peuple caché
**hver** – source chaude

**Íslands** – Islande

**jökull** – glacier, calotte glaciaire (*ice cap*)

**kirkja** – église
**kort** – carte

**Landnámabók** – *Livre de la colonisation* ; texte historique décrivant de façon très détaillée la colonisation de l'Islande par les Scandinaves
**laug** – piscine
**lón** – lagune
**lopapeysa/ lopapeysur** (s/pl) – pull de laine islandais
**lundi** – macareux

**mudpot** – type de source chaude contenant des boues que les gaz volcaniques font bouillonner
**mörk** – bois ou forêt

**nes** – cap, promontoire
**norður** – nord

**puffling** – bébé macareux

**reykur** – fumée, comme dans Reykjavík (littéralement, "baie des Fumées")

**safn** – musée
**sagas** – légendes islandaises
**sandur** – plaine de sable glaciaire
**scories** – produits volcaniques riches en vacuoles, de très faible densité
**sími** – téléphone
**skáli** – cabane ; snack-bar
**stræti** – rue
**suður** – sud
**sumar** – été
**sundlaug** – piscine chauffée

**téphra** – produits volcaniques, en dehors de la lave
**tjörn** – mare, lac
**torg** – place de la ville
**tunnel de lave** – tunnel souterrain créé par un écoulement de lave sous une croûte solide (*lava tube*)

**vatn** – lac (comme dans Mývatn, ou "lac des Moucherons"), eau
**vegur** – route
**vestur** – ouest
**vetur** – hiver
**vík** – baie
**vogur** – crique, baie
**volcan bouclier** – volcan en pente douce formé par des coulées de lave fluide (*shield volcano*)

# En coulisses

## Vos réactions ?

Vos commentaires nous sont très précieux pour améliorer nos guides. Notre équipe lit vos lettres avec la plus grande attention et prend en compte vos remarques pour les prochaines mises à jour. Pour nous faire part de vos réactions, prendre connaissance de notre catalogue et vous abonner à notre newsletter, consultez notre site Internet : **www.lonelyplanet.fr**

Nous reprenons parfois des extraits de notre courrier pour les publier dans nos guides ou sites Web. Si vous ne souhaitez pas que vos commentaires soient repris ou que votre nom apparaisse, merci de nous le préciser. Notre politique en matière de confidentialité est disponible sur notre site Internet.

## Un mot des auteures

### Belinda Dixon

Ce guide m'a donné l'occasion extraordinaire de rouler sur des routes accidentées côtoyant de vastes fjords et de me baigner dans des *hot pots* en chemin. Un merci aussi immense que les reliefs islandais à toute l'équipe de Lonely Planet et à tous ceux qui m'ont renseignée ou inspirée : Magnus à Djúpavík, Charis à Reykjanes, Kári et Thomas à Ísafjörður, et Eyþor à Flateyri. Merci aussi aux collaboratrices les plus avisées et les plus chaleureuses qu'une auteure puisse souhaiter : Alexis Averbuck et Carolyn Bain, je vous lève mon *snúður* !

## À propos de cet ouvrage

Cette 4e édition française de *Reykjavík et le sud-ouest de l'Islande* est une traduction-adaptation de la 3e édition de *Reykjavík & Southwest Iceland*, écrite et actualisée par Alexis Averbuck – qui avait également signé les précédentes éditions –, Belinda Dixon, Carolyn Bain et Jade Bremner.

**Traduction**
Kevin Thevenet

**Direction éditoriale**
Didier Férat

**Responsable éditorial**
Dominique Bovet

**Coordination éditoriale**
Marie Thureau

**Responsable prépresse**
Jean-Noël Doan

**Maquette**
Caroline Donadieu

**Cartographie** Cartes originales adaptées par Caroline Sahanouk et mises à jour par Nicolas Chauveau

**Couverture** Adaptée en français par Laure Wilmot et Laurent Briard

**Fabrication**
Emmanuelle Laine

**Merci à** Sylvie Rabuel pour sa relecture, à Noémie Lemaire pour la préparation du manuscrit, à Vahagn Terzian pour son travail de référencement et à toute l'équipe du bureau de Paris.

## Alexis Averbuck

Mon séjour en Islande n'aurait pas été le même sans l'énorme soutien apporté par Carolyn Bain, qui m'a très généreusement fourni des contacts et prodigué des conseils judicieux sur ce superbe pays. Rencontrés sur la route, des gens comme Halldór de Visit North Iceland, Addi, Anton, Stefán, Jóhanna, Finnur, Villi, Elisabet, Odinn et bien d'autres n'ont pas hésité à partager leurs histoires et leurs idées. Merci également à mon super roi des montagnes, RVB.

## Carolyn Bain

Merci du fond du cœur à mes amis d'Islande d'hier et d'aujourd'hui pour avoir fait de mon déménagement à Reykjavík une expérience si formidable. Comme à chaque fois, une foule d'habitants, de voyageurs et d'expatriés ont illuminé mes recherches. Je leur suis reconnaissante de me faire voir, comprendre et apprécier toujours plus de choses. Toute ma gratitude va aussi à Clifton Wilkinson qui m'a confié cette mission, ainsi qu'à mes collaborateurs pour leur travail d'équipe, et en particulier à Alexis et Belinda pour les apéritifs partagés et les rêves qu'elles ont éveillé en moi.

## Jade Bremner

Tous mes remerciements à notre responsable éditorial, Clifton Wilkinson, pour son expertise – tant sur l'Islande que sur le travail d'édition. Merci bien sûr à tous ceux qui ont travaillé en coulisses : Cheree Broughton, Dianne, Jane, Neill Coen, Evan Godt et Helen Elfer. Enfin, un merci particulier à ma complice sur la route, Harriet Sinclair, qui m'a rejointe pour une escalade mémorable de l'Hekla et la légendaire randonnée du Fimmvörðuháls.

## Crédits photographiques

Photographie de couverture : Panorama urbain au crépuscule, Reykjavik, Islande, RooM The Agency / Adobe Stock ©

Photographies p. 30 : (en haut) Bahadir Yeniceri/Shutterstock © ; (en bas) Dennis van de Water/ Shutterstock ©

Photographies p. 90 : (en haut) Dave Porter/Getty Images © ; (en bas) Brian Maudsley/ Shutterstock ©

# Index

**Voir aussi les index des rubriques :**

Se restaurer p. 163
Prendre un verre p. 163
Sortir p. 164
Shopping p. 164
Se loger p. 164



Références des **sites**
Références des **plans**

## Carolyn Bain

Auteure et éditrice de voyage depuis plus de 20 ans, Carolyn a vécu, travaillé ou étudié dans diverses régions du monde. Elle a signé plus de 50 titres Lonely Planet. L'Islande est sa destination favorite.

## Jade Bremner

Jade est journaliste depuis plus de 10 ans. Elle a vécu et travaillé sur quatre régions différentes, toujours en quête de sport, d'action et de nouveautés (insolites, si possible !). Ce n'est pas un hasard si nombre de ses destinations préférées figurent parmi les meilleurs *spots* de surf du monde.

# Les auteures

## Belinda Dixon

Toujours heureuse les pieds dans le sable, Belinda voyage le sourire aux lèvres. Elle contribue à des guides Lonely Planet depuis 2006, ce qui lui a donné l'occasion de se baigner dans les *hot pots* de fjords islandais, de découvrir Stonehenge à l'aube de contempler les fresques de Vérone…

## Alexis Averbuck

Alexis a voyagé et habité aux quatre coins de la planète du Sri Lanka à l'Équateur, de Zanzibar à l'Antarctique. Ces dernières années, elle a vécu sur l'île d'Hydra, en Grèce, a dégusté des huîtres en Bretagne et s'est aventurée dans les champs de lave lunaires, les fjords étincelants et les langues glaciaires de l'Islande.



**AUTEURS**
(suite)

**Reykjavík et le sud-ouest de l'Islande en quelques jours**
4e édition
Traduit et adapté de l'ouvrage *Pocket Reykjavík & Southwest Iceland, 4th edition*

Dépôt légal Octobre 2021
ISBN 978-2-81619-325-1
Imprimé par L.E.G.O. Spa (Legatoria Editoriale Giovanni Olivotto), Italie



En Voyage Éditions | un département édi8